交易大师系列

股票魔法师

III

Momentum Masters
A Roundtable Interview with Super Traders

趋势交易圆桌访谈

[美]　Mark Minervini
　　　Dan Zanger　　著
　　　David Ryan
　　　Mark Ritchie II

李松阳　王韵　石孟南　译

电子工业出版社
Publishing House of Electronics Industry
北京·BEIJING

Momentum Masters: A Roundtable Interview with Super Traders (ISBN: 9780996307925) Copyright © 2015 by Mark Minervini Simplified-Chinese translation Copyright © 2021 by Publishing House of Electronics Industry.

本书中文简体版专有出版权由 Access Publishing Group, LLC 授予电子工业出版社，未经许可，不得以任何方式复制或者抄袭本书的任何部分。

版权贸易合同登记号　图字：01-2018-8905

图书在版编目（CIP）数据

股票魔法师. III，趋势交易圆桌访谈/（美）马克·米勒维尼（Mark Minervini）等著；李松阳，王韵，石孟南译. 一北京：电子工业出版社，2021.7 (2025. 10 重印)
（交易大师系列）

书名原文：Momentum Masters - A Roundtable Interview with Super Traders

ISBN 978-7-121-41040-6

Ⅰ．①股… Ⅱ．①马… ②李… ③王… ④石… Ⅲ.①股票投资－基本知识 Ⅳ. ①F830.91

中国版本图书馆 CIP 数据核字（2021）第 084990 号

责任编辑：高洪霞
印　　刷：天津千鹤文化传播有限公司
装　　订：天津千鹤文化传播有限公司
出版发行：电子工业出版社
　　　　　北京市海淀区万寿路 173 信箱　　邮编：100036
开　　本：880×1230　1/32　印张：6.5　　字数：165 千字
版　　次：2021 年 7 月第 1 版
印　　次：2025 年 10 月第 10 次印刷
定　　价：69.00 元

凡所购买电子工业出版社图书有缺损问题，请向购买书店调换。若书店售缺，请与本社发行部联系，联系及邮购电话：(010) 88254888，88258888。

质量投诉请发邮件至 zlts@phei.com.cn，盗版侵权举报请发邮件至 dbqq@phei.com.cn。

本书咨询联系方式：(010) 51260888-819，faq@phei.com.cn。

本书的由来

在 Mark Minervini 的整个职业生涯中，他被无数交易员请教过，无论是初学者还是老手，都带着同一个问题：如何在股市获得成功。这些人中有很多是在 Mark Minervini 赢得 1997 年度美国投资冠军称号时知道他的，还有一些是在后来读 Jack Schwager 的畅销书 *Stock Market Wizards: Interviews with America's Top Stock Traders* 时知道他的。

从 2013 年出版了自己的第一本书 *Trade Like a Stock Market Wizard: How to Achieve Superperformance in Stocks*（中文版为《股票魔法师——纵横天下股市的奥秘》，由电子工业出版社出版）开始，Mark Minervini 的人气就爆表了，作为他 30 年趋势交易智慧的结晶，这本书不但使他很快成为当时投资类最畅销图书的作者，还使他有了众多的拥趸——推特粉丝数超过 10 万人。曾获得 3 次美国投资冠军的 David Ryan 评价这本书是他读过的最全面的一本成长股选股指南。

虽然这本书在广度和深度上都有很高的造诣，但是它并没有让读者感到满足，反而更激发了他们对知识的渴求。在该书出版后的两年里，读者带着上千个问题拥入 Mark Minervini 的私人办公室，有些问题是就书中的章节做进一步探讨的，还有一些问题是关于对新领域的探讨的。这让我们意识到 Mark Minervini 的读者，包括现在正在读这本书的你，给我们带来了一笔宝贵的财富，让我们了解了读者辛苦得到的交易经验，也让我们了解了读者在真实世界里所面对的困难和挑战的一些细节。

那么问题来了：我们该怎么对待这笔财富呢？我建议 Mark Minervini 写一本书专门回答这些问题，他却说："我有一个更好的主意，何不找我认识的那些最优秀的股票交易员和我一起回答这些问题呢？"于是，Mark Minervini 找到了他的几个朋友——David Ryan，Dan Zanger 和 Mark Ritchie II，美国最优秀的 3 个股票交易员。他们欣然同意了，本书也就这样应运而生了。

我们用了一个特别的方法完成本书，即挑选了被问得最频繁的 130 个问题，把它们分成不同的类别，组织成本书的章节。在此，我想再强调一下，这些问题都是交易员在股市中遇到的现实问题，并不是我们自己空想出来的。和市面上其他交易员采访录类图书不同的是，我们没有把本书按对每个交易员的采访分章节，而是让 Mark Minervini，David Ryan，Dan Zanger 和 Mark Ritchie II 这 4 位大师用一个圆桌会议的形式回答每一个问题，使读者可以更好地进行对比。

在你开始阅读前，请允许我做几点说明。

第一，本书没有传记式的细节，没有华丽的辞藻，也没有像很多同类型的书（包括一些非常优秀的书）那样，增加一些幽默的段子，本书里全是干货，提问和回答都只与交易相关。

第二，你在阅读时，可以留意这4位大师相同和不同的地方，就像我之前说的，我们特意采取这种形式以便于读者可以更好地进行对比。David Ryan，拥有 40 年交易经验的老兵；Mark Minervini，拥有 30 多年投资经验的交易大师，偏好中小盘成长股；Dan Zanger，拥有 25 年经验的交易员，偏好大盘股和超大盘股；Mark Ritchie II，这个组合里最年轻的成员，曾在 2010 年赢得了 Mark Minervini Master Trader Program 中 Triple-Digit Challenge 的冠军——这个挑战项目的获胜者是第一个取得 100%收益率的人，Mark Ritchie II 仅仅用了不到 6 个月的时间就做到了。在接下来的 5 年里，Mark Minervini 进一步观察到 Mark Ritchie II 持续做出了超强的业绩。他告诉我："Ritchie II 是实践中的趋势交易大师，他应该出现在这本书里。"

要成为一名优秀的股票交易员，你需要学习买什么、什么时候买、什么时候卖。更重要的是，你需要把你的交易风格和自己的性格、优势结合在一起，还要去学习怎样弥补自己的短板。当你对比本书中的每一个回答时，要注意这些交易员分享的重要实践和核心原理，这些微妙之处是这几位最优秀的趋势交易大师之间的共同点。从这 4 位大师不同的领悟、智慧和交易经验中，你将会明白，和其他领域一样，兴趣才能帮助自己成功。现在你可以开始阅读了，大堆的知识正在等着你，祝愿你拥有一个美妙的阅读之旅，也祝愿你在自己的投资旅途中取得成功，以更低的风险获得更高的收益。

Bob Weissman

编者

趋势交易大师简介

Mark Minervini

Mark Minervini（以下简称 Minervini）是畅销书《股票魔法师——纵横天下股市的奥秘》的作者。从几千美元起步，Minervini 将他的个人交易账户规模增长到数百万美元，连续 5 年年平均收益率达到 220%，在这 5 年中只有一个季度亏损，总收益率达到令人难以置信的 36 000%。换句话说，在短短 5 年内，他用 10 万美元投资本金使账户增长到了 3000 多万美元。

为了检验他创造的 SEPA® 投资方法的可靠性，1997 年 Minervini 投入了 25 万美元自有资金加入美国投资锦标赛，与高杠杆的期货和期权投资者同台竞技。他仅用股票多头策略就赢得了比赛，年收益率为 155%，这个收益率几乎是同台竞技的投资经理的 2 倍。

Jack Schwager 在 *Stock Market Wizards: Interviews with America's Top Stock Traders* 一书中描写了 Minervini。Schwager 写道："Minervini 的投资业绩简直令人震惊。大多数投资者和投资经理哪怕仅达到他最差的一年的收益率——128%，都会喜出望外。"

Minervini 通过 Minervini Private Access 系统向投资者传授 SEPA®方法，这个平台可以让使用者实时与他进行相同的交易。他还举办了交易大师项目（Master Trader Program）。他在周末的活动中集中向学员传授自己的投资策略，你可以登录他的个人网站学习。

David Ryan

David Ryan（以下简称 Ryan）是传奇人物 William O'Neil 的门生，曾在 William O'Neil 公司担任投资经理。1982 年大学毕业后，Ryan 去了 William O'Neil 的公司工作，4 年后，他就成为公司最年轻的副总裁及 William O'Neil 的助理，负责为机构客户投资和选股。

Ryan 在 1985—1987 年间连续 3 年赢得美国投资锦标赛。1985 年，他取得了 161%的收益率，1986 年收益率同样达到了 160%。1987 年，他再次参加了比赛，并连续在第三年获胜，收益率超过了 100%。3 年里，他的总收益率达到 1379%。

Ryan 成功地操盘了 5 年共同基金，之后他运作自己的对冲基金 Rustic Partners 长达 15 年。目前，他仍然频繁操作着自己的投资账户。Jack Schwager 在 *Stock Market Wizards: Interviews with America's Top Traders* 一书中描写了 Ryan。他写道："虽然我采访的大多数交易员都喜欢交易，但没有一个人有 Ryan 表现出的非凡热情。我怀疑，只要提供了他所需要的图表，他就可能安心于大楼内的套间里工作。"

Dan Zanger

Dan Zanger（以下简称 Zanger）在股票网站 chartpattern.com 担任首席技术分析师，也是 *The Zanger Report* 一书的作者。20 世纪 90 年代末期，Zanger 在短短 18 个月内将 10 775 美元变成了 1800 万美元，取得了 164 000%的收益率。

2000 年 12 月，*Fortune* 杂志在一篇题为《我的股票上涨 10 000%！》的文章中描写了之前作为联营承包商的 Zanger，使得他首次获得了广泛认可。在 25 年内，Zanger 将每段空闲的时间都用于研究图表。依靠趋势图，他最终开发了一个强大的交易系统，适用于任何市场条件。

Zanger 连续两年被 *Trader Monthly* 杂志评选为年度百强交易员之一。他曾被 *Barron's*，*Forbes*，*Fortune*，*Active Trader*，*Trader Monthly* 和 *Traders World* 等出版物报道，也是许多电台和电视节目

的嘉宾。他经常为 *Technical Analysis of Stocks & Commodities* 杂志和 *SFO* 杂志撰稿。*Fortune* 杂志根据其交易风格称 Dan 为 "被合成器包围的摇滚键盘手"。

Mark Ritchie II

Mark Ritchie II（以下简称 Ritchie II）是知名人物 Mark Ritchie（*Market Wizards*, *God in the Pits* 和 *My Trading Bible*）的儿子。虽然 Ritchie II 是投资界新手，但他是 Momentum Masters 全明星阵容的未来力量。在不到 6 个月的时间内，他获得了 100% 的收益率，并打破了 Minervini 维持的在比赛中取得的三位数收益率的纪录。此后，Ritchie 的账户资金增长了 540%，仅在 2014 年就增长了 110%。2010 年至 2018 年，他的投资总收益率已超过 1000%。

目前，Ritchie II 与朋友和家人一起在 RTM2 有限责任公司中管理自有资金。他拥有伊利诺伊州立大学的哲学学位，目前与妻子和 5 个孩子住在芝加哥郊区。

目 录

第一部分

介　绍

S1-1：你们都有长期投资的经验。你们目前采用的投资方式是否依然依赖于早期所做的趋势图表模式？还是投资风格会随着时间而相应地发生改变？

Minervini：我稍微做了一些改进并增加了新方法，但95%的内容没有改变，因为供求之美是永恒不变的。我唯一做的就是改变交易回调设置，这是因为我开发了更优化的回调买入技术。但是我的交易方式在过去30多年里基本保持不变。

Ryan：是的，我也依然参照早期所做的趋势图表，但在投资风格上有一些细微差别。我仍然偏好买入能强势突破趋势线的股票，但也会在强势股回调时买入。在职业生涯的早期，我只买正在突破趋势线的股票。现今很多股票会在突破、回调之后再走高。

Zanger：当前市场上的趋势图表模式在 100 年前就已经出现了，我觉得它们在未来许多年里将依然可用。目前我的投资方式与 20 年前相同，我认为 20 年后我也会以同样的方式交易。不过当市场即将有大幅波动时，我在股票套现方面做得比 5 年前好。

Ritchie II：好吧，我不能说这么多年来自己的投资风格发生了重大变化，因为我不像其他分析师那样拥有几十年经验。但我要说的是，我尽力按照趋势图表做投资，以便能够看到交易中的趋势。我注意到，在某些市场状况下会有不同的技术面主题。例如，最近很难在创下 52 周新高时买入或买到长期高位突破趋势线的股票，而在以往会容易许多。这不仅与我们在整个周期中所处的位置有关，也与不同类型的股价突破信号的明确程度以及是错误信号的可能性有关。

■　　■　　■

S1-2：这么多年来你们的日常工作模式改变了吗?

Minervini：就像我的交易方式一样，我的日常工作模式也相对不变。我的大部分工作都是在开盘前一天晚上完成的，所以当开市的时候，我已经知道自己关注的股票的情况及价格水平。我在上午 8:30 到达交易屏幕前，所做的第一件事就是看看可能影响收益率的和与持仓标的有关的新闻，我还会看看盘前期货以了解开盘动向。然后我会查看现有的持仓、更新止损指令并设置提示。当候选股接近目标买入价格时会有声音提醒，同样，当计划卖出的股票接近止损价格时也会有声音提醒。

我会仔细思考自己要做的每件事情。因为我不喜欢惊喜，所以会试着提前做计划，这样我就不会傻眼，也不会措手不及。我会在收盘期间做好计划以消除情绪因素。当实时交易时，局面可能会让人非常情绪化，因此你提前解决的事情越多，在紧急情况下应对起来就越容易。与我刚开始工作时唯一不同的是计算机的应用，这是 30 年前没有的，你可以想象，我当年徒手绘图表。

Ryan：我在开市前一个小时起床（我在美国西海岸，所以很难早一点起床），然后浏览市场上的新闻和具体的股票信息。在前一天收盘之后我已经准备了一个观察名单并且设置了提醒。我通常在前 45 分钟内不会做过多交易，因为股价有很多误导性的波动和由隔夜新闻引起的变化。

Zanger：我的日常生活和 25 年前一样。随着 CNBC 上的市场行情播报的声音停止，我开始一天的休息。然后我看看股票、期货，喝点咖啡并打开计算机。我使用自己在 15 年前写的 IQXP.com Sounds of Market 系统，准确听取哪些股票在出价或询价。

一旦开市，我会看看股票的走势。如果股价上涨但成交量小，那么它们可能会很快下跌。或者如果成交量很小伴随股价下跌，那么这种情况是买入的机会。放量上涨或下跌会告诉我它们可能会延续当前走势。

Ritchie II：我的日常工作基本分成两部分：（1）交易前和交易后，包括每个交易日前后约两小时；（2）交易时间本身。交易前和交易后的工作类似于在游戏前观看游戏电影。一位橄榄球教练曾告诉我："你必须了解并熟知关键点，这样游戏的速度就会慢下来，从而让你及时采取行动，而不是跟在后面追逐它。"这就是交易前后的习惯对我的影响。

在开盘前我就知道应该买的标的物和点位，所以若没有什么意外，我会不假思索地行动。我在早上开始查看所有的持仓，然后看一下整个盘面及美国债券期货。查看监控列表中的股票，并对我认为有可能买的股票都设置提醒。从该列表中，我确定最后会购买的股票，并且准确计算购买多少。

我整天都在观察监控列表里的所有股票，以及标准普尔指数和美国债券期货。如果当天我没有很多要买的标的股票，就经常看看其他图表，或研究股票市场上自己感兴趣的事情。我是股票市场的持续学习者。

在收盘后，我会浏览200～500张每日个股图表，从而编制一系列监控列表。然后，我查看自己的监控列表并筛选可行的想法。

我还以特定的方式记录前一个交易日的所有交易。

■ ■ ■

S1-3：你们对高频交易（HFT）有何看法？

Minervini：我认为允许这种做法是荒谬的，我们应该更严肃地对待它。美国股市需要公平、公正的竞争环境。HFT 是朝着错误方向迈出的一步。这是一个允许抢跑的漏洞。

Ryan：我完全不喜欢它。正如 Minervini 2014 年在 60 分钟广播中所描述的那样，HFT 是抢跑，是非法的。它也往往引起很多市场噪声和虚假波动。我不介意证券交易所恢复报升原则甚至允许使用专家，这样能维持更有秩序的市场。但是即使有这么多噪声，股票价格仍然因收益增加或预期收益增加而走高。

Zanger：我发现自 2001 年 HFT 进入市场以来，白天股价有更大的波动性，我认为这是为了逼迫我们这种投资者退出市场。因为现在的价差如此之小，小数点后 8 位精度的引用使得 HFT 变得强大。将高频算法与快速发展的人工智能相结合，这些技术将随着时间的推移变得越来越复杂、越微妙，我们人工交易者必须接受它并相应地进行调整。

例如，通过在盘中下跌时买入并使用更短的期限结构如 3 分钟或 5 分钟图表，或者通过买入确定会突破趋势线的股票并持有几个月，以避免陷入 HFT 带来的困境。HFT 在很大程度上不涉及这种投资方式。

在关于波动性和股市震荡的问题上，我们不能完全归咎于 HFT。网上股票交易的出现使得数以万计的交易员频繁买卖，增大了市场的量能和敏感度。回想 1997 年 10 月开始的电子迷你期货合约，在我看来，它真的引起了市场上一些最疯狂的波动，因为这个新的电子迷你合约，使得成千上万的新兴交易商试图将他们的期货合约连接在标准普尔 500 上。毫无疑问，在线交易平台提供的便捷化服务是推波助澜的根本原因。

Ritchie II：我对这个问题有些想法。第一个问题是 HFT 从来没有得到充分的定义。在明确定义之前，我们无法对其有充分的了解或争论；许多反对 HFT 的人对他们所反对的东西并没有一个有效的定义。

例如，某家股票交易所的负责人在电视上发表声明说，他的公司使用直接市场回馈来匹配交易，而事实证明该公司并未如此做。该交易所发言人后来试图化解尴尬，但是那个负责人要么撒谎了，要么压根不清楚他自己的交易所的交易是如何处理的。媒体和监管机构随后给他一张市场禁入惩罚单了吗？并没有。

也就是说，在 HFT 范围内存在某些合法但非常不道德的做法，这不仅仅是我的想法，实际上已经有相当详细的记录了。例如，在交易大厅投资的旧时期，如果你去查看一个职员或撮合者的下单记录，然后将他赶走，以便基于这些订单的预期来操纵市场走向，那么你将会被驱逐出交易大厅、被罚款或者有更糟的下场。

同样，如果以前你试图通过大量干扰性质的报价或出价来操控市场，那么你不能在有人喊出"已售出"时反悔；当你大喊"已售出"时，你无法转而说"哦，我从1 000手改为10手吧"。然而，这两种情况在当前许多股票和期货市场中屡见不鲜。市场应该有一个公平有序的价格发现机制，然而有一些公司正在玩的把戏破坏了市场原则。

■　　■　　■

S1-4：你们最早是如何进入交易市场的？吸引你们的是什么？多年来，是什么让你们保持着积极性？

Minervini：我最初对交易感兴趣是因为小时候家里穷，我想赚钱。我认为股票市场是毫无偏见的最好的赚钱机会——只有你和市场——如果你够好，你就会发财。一旦我开始交易，挑战感就变得比金钱更富有吸引力，金钱多少只是记录成绩的一种方式。即使没有从中变得富有，我今天也可能仍在交易。我只是喜欢预测的艺术，无论我将来会赚多少钱，都不会放弃交易。

最近，把我的方法分享给他人并听到他们的成功故事真的很令人开心，这促使我继续分享自己的知识。有趣的是，在大约 26 年前，我听了 David Ryan 在一个研讨会中的演讲，现在他和我出现在同一本书中，我们现在也一起在研讨会上指导他人。Mark Ritchie II 2010 年曾来过我的工作室，而今天他是一位年轻的成功投资者，与我们分享着他的见解。

Ryan：在我上小学的时候，父亲开始购买股票以便准备我的大学学费。在餐桌上，他会讨论他为什么买那些公司的股票。我在 13 岁时买了我的第一只股票，那是一家名为 Wards Foods 的糖果公司，该公司制作了 Bit O' Honey 和 Chunky 糖果棒。从那以后，我开始着迷于研究为什么我的股票下跌而其他股票上涨。对我而言，选股就像寻宝一样，从成千上万家公司中寻找那些可能会有超额收益的两三只股票。

Zanger：20 世纪 70 年代中期，我母亲曾经在 UHF 上观看 KWHY-TV 商业频道。这个频道提供了美国电视上第一个股票行情播报，她喜欢坐在电视机前阅读《洛杉矶时报》，全天收听商业新闻。从学校回家以后，我会看看股票行情播报，并听听专家谈论股票和商品，但大多数情况下我不理解他们都在谈论什么。然而，我对屏幕底部的股票行情着迷。

在特别的一天，一只股票出现在播报中，它的价格是 1 美元，于是我想要买入它。我跑到比弗利山庄的 Kennedy, Cabot 公司，开了一个 1000 美元的经纪账户，买了 1000 股这只便宜的股票。

在三四个星期后，股价涨到 3.50 美元。我把它卖了，从那以后我一直对股票着迷。

Ritchie II：可以说我来自一个投资大家庭。我的父亲和几位叔叔都是芝加哥成功的场内交易员。虽然我从未在场内交易过，但可以说投资融入我的血液中。小时候我对交易并不感兴趣，当大多数家庭成员都退休或进入其他企业后，我才开始对股票着迷。

大学毕业后，我为父亲以前的一个交易员工作了一个夏天，当时的工作只是下下订单、看看图表等，但我真的很喜欢做这些工作。几年后，他给了我一个职位，有点类似于他的交易助理，职业前景是可以运作更多资金或者操盘基金。于是，我帮他交易，有一些是根据他的要求，有一些则出自我自己的主意。那段时间激起了我的好奇心：市场为何会有涨跌？如何成为一名优秀的交易员？

"渴望不断进步"的想法激励着我，因为我不相信自己已经"达到"了交易潜力和投资业绩的巅峰。

■　　■　　■

S1-5：你们是很快就成功了还是经历过一段艰难时期？你们花了多长时间做到持续盈利？

Minervini：刚开始的时候，我几乎把所有类型的错误都犯了一遍。我花了一段时间，通过反复试错得到了经验、教训，大约有 6 年的时间我的收益不佳。于是我对自己说："去他的自我，我的目标是赚钱，而不是追求正确。"然后我最终做到了持续盈利。一旦我决定把自我放在一边，承认自己的错误，并及时止盈、止损，总体上我开始持续盈利。

Ryan：我真正开始做交易的时候，刚刚大学毕业，我将一个账户的资金规模赚翻了一番，可是后来又亏损了，最后只剩了一部分。于是我极其严格地反思了所有我曾犯过的错误并总结了规律，之后我成功的次数才越来越多。这个过程花了两年多时间。交易和其他事情一样，需要时间才能做好，在你掌握它之前你通常会犯很多错误。有了正确的方法、正确的资金管理模式、一点自我认识以便承认自己的错误，并且遵从交易纪律，你才能够成功。

Zanger：在 1991 年我拿出了 10 万美元来认真炒股，我在房顶上装了一个巨大的卫星天线以方便使用 BMI 和 Live-Wire 实时报价图表，当然，现在两家公司都不再有这种方式了。海湾战争刚刚开始的时候，股价飙升。我很快就将 10 万美元变成了 44 万美元，而在我自以为正在走向最疯狂的暴富之路时，我很快就经历了自己遇到的第一次市场回调，我的 44 万美元迅速缩水到 22 万美元。

在接下来的 6 年时间内，我都在想办法让 22 万美元回到 44 万美元，但我却接连搞砸。在我意识到这个问题之前，由于 1997 年 10 月市场崩盘，我欠了经纪人 225 美元——实际上我已经破产了。

我没有更多的资金投入市场，所以不得不卖掉一辆汽车以筹集资金重新开始。车卖了 11 000 美元并存入交易账户，由于需要还 225 美元的债务，于是只剩了 10 775 美元的交易资金。我非常生气，我发誓那些家伙休想再从我这里拿走一分钱。我再也不会任由别人的意见蒙蔽自己的双眼，阻碍自己的交易。我对自己说："如果股票在一天内波动很大，我就先离场。"我不会再盲目地相信任何股票，而且我知道在交易日读到的任何信息都有可能是交易对手方有意误导我的。

我意识到的另一件事，就是互联网泡沫的破灭，但是我再也没有回头的余地。我必须承认，这给我造成了一连串的损失。它完全改变了我的思考和交易方式。我再也不相信股票的故事、谣言或新闻报道了。我需要知道的一切都基于股票的价格行为和交易量，其余的就是纯粹的噪声。

Ritchie II：我实际上并不是一开始就成功的。当初我天真地以为我会成功，但我很快就发现尽管我有一些好的想法，然而要想成功，需要不断改变并提升自己。第一年有过好几次想放弃。坦率地说，我并不觉得自己应该被当作成功的投资经理邀请到这里，甚至不觉得我值得被写入这本书里。话虽如此，经过风险调整，我在投资的第一年里基本实现了收支平衡，从那时起，我做得一年比一年更好。就总收益率和风险/收益比而言，2014年是我做得最好的一年。我不知不觉地对风险有了较好的理解，并且收益率和收入也在不断地增长。

■　　■　　■

S1-6：大机构比个人投资者更有投资优势吗？你们对"股市被操纵"这种言论有何看法？

Minervini：股市没有被操纵！事实上，与大型公募基金或对冲基金经理相比，小型机构、个人投资者拥有巨大的优势，主要原因在于流动性和速度占优。想象一下掌控游轮的大机构和驾驶快艇的小商人，你认为谁会取胜？

以我的经验来看，那些说"股市被操纵"的人往往是没有能力在市场中表现卓越的人，所以他们才觉得市场是不可思议的。但股市绝对没有被操纵！在股市中，你可以赚钱，也可以找借口，但不能两者兼得。所以别找借口了，开始赚钱吧。你要接受这样一个事实：如果你真的想，那么你可以战胜市场。但在战胜市场前，首先要战胜自己。

Ryan：要操纵世界上最大的金融市场，需要巨额资金。"股市被操纵"这种说法只是无能的借口，也是一些人放弃投资的标志。大机构的优势在于它们能够获得更多、更好的信息。但它们也会为此付出很大的代价。它们有更多的资本可以投资，但同时流动性会比较差。如果个人投资者能够训练出火眼金睛去发现机构的投资标的，那么他可以更快地行动，并利用机会抢在一些机构买入之前就布局。

Zanger: "规模"是一把双刃剑。散户比大机构更容易做交易，然而，大机构总是用它们手中的媒体力量来误导散户。宣传和谎言是大机构最喜爱的工具。小散户只能像抓住救命稻草一样紧握住一些股票，因为他们买入价格太高、垃圾股持有时间太长，往往中途买入或者听信谣言而买入价格虚高的股票。散户的这些行为都是有大机构鼓动和精心策划的。

Ritchie II: 我首先要说的是，"被操纵"已经成为一个口头禅，非常含糊，有误导性。我想说，基于我所经历、所见和所研究的一切，在当前的市场结构和价格形成机制下，几乎所有的交易者，包括大机构，都没有明显的优势。

也就是说，市场制造者并不能引导市场的最终方向。它们可能会在短期交易和个人行为的问题上耍花招，但如果市场即将发生变化，那么大型基金和大机构会推动市场。大机构必须在几天甚至几周内经常买卖。个人投资者相比大机构有很大的优势，因为个人投资者可以更快地改变仓位。因此，当市场情况发生变化时，他们可以非常迅速地改变交易方向，对我来说，这也是一个巨大的优势。

■　■　■

S1-7：你们认为对于拥有其他全职工作的个人来说，只使用当天收盘价来投资能否成功？

Minervini：能，但跟踪交易和下单难度会更高，因此可能不得不依赖自动止损功能。幸运的是，现在的交易平台非常强大，提供了许多功能。

Ryan：能。整天坐在计算机屏幕前看趋势可能听起来很有趣，但我发现这样做可能对决策不利。我最大的收益来自中长期持有的股票。对我来说，最好专注于长期走势而不是陷入日内交易。有时，分时图上的波动看起来很可怕，但是当你退后一步，在每日甚至每周的图表内查看时，会发现这个波动是非常小的。看短期趋势曾使我多次错过交易良机。对我而言，大笔资金决策依靠长期趋势。

Zanger：今天有很多人在忙全职工作的同时，股票交易做得也相当不错。智能手机将我们带到了一个全新的时代。当然，当你无法实时交易并观察短期趋势时，就必须更慎重地选择符合自身交易风格的股票。记得在我经营游泳池业务时，我拥有一台Quotrek，这是一种早在 1983 年就推出的无线设备，我一方面听取它提供的实时报价和新闻，另一方面决定交易方向。如果没有下定做交易的决心，我就不会成为今天的我。

Ritchie II：如果你说的"成功"意味着获得市场风险调整后的超额收益，那么我不认为他们能做到。如果你的意思是他们成功地为自己的投资组合选择一些好的股票且长期来看这些股票表现良好，那么我认为尽管很少有人做到，但并不是没有。

■　　■　　■

S1-8：如果你们在交易日无法坐在计算机前，那么你们买入和卖出股票的方法是什么？

Minervini：可以通过经纪人下达止损指令，并且可以使用括号订单方式。现今，交易平台上提供的许多算法使得交易比以往更容易。

Ryan：使用止损指令。我会在前一天晚上设置止损线。在这样做的过程中，可以避免市场分散你的注意力，并且更有可能做出良好的、理性的决定。

Zanger：我认为需要智能手机和许多经纪公司提供的先进的报价屏。它可以快速显示数量和价格，还可以根据需要切换到图表。

Ritchie Ⅱ：好吧，如果我不在屏幕前，那么在大多数情况下我可能要进行长线交易。话虽如此，我仍然会使用某种日内止损方式，以确保我的股价不会出现大幅下跌的情形。

■　■　■

S1-9：你们是否用过保证金或期权为交易加杠杆？

Minervini：现在不用了。刚开始做交易的时候我常常使用保证金，也很早就使用过期权，但我感觉在使用期权时会遇到种种阻力。

Ryan：我几乎不使用期权。我不喜欢时间衰减。如果股票只是横盘整理，那么期权时间价值将会下降，到期时可能毫无价值。我喜欢集中精力做好一件事而不是使用各种金融工具。我只在市场处于良好的上升趋势且没有太大波动时使用保证金，而且只有当我的所有股票都表现很好时我才会这样做。

Zanger：我有时使用保证金，大约每年都会发现一只值得采用看涨期权策略的股票。只有在正确的时机针对正确的股票才能进行上述操作，否则会输得很惨。我经常对人说直到退出交易时，或者更准确地说，直到当我不再玩期权时，我才真正开始从股票中赚钱。新手喜欢期权，这也是他们一直是新手的原因。

Ritchie II：只有当我满仓并且获得成功的候才使用保证金。即如果我满仓并且一切运转良好，而我想用当前这些收益买更多的股票，那么我会使用保证金。使整个投资组合金字塔化能帮我赢得胜利。只有当我认为可以获得比标的股票更好的风险/收益比时，我才交易期权。这种做法通常在高流动性标的上使用，或者在我认定一个快速获得收益的机会时使用。

■　■　■

S1-10：你们认为高水平的交易需要天赋吗？这些技能可以通过学习获得吗？典型的学习曲线有多长？

Minervini：我认为交易和运动没有区别。有的人有先天优势（比如肌肉发达、敏捷等），然而仅凭这一点并不能决定最终结果。有的天才一生都没有成功，有些有天赋的运动员走投无路。也有些人一开始没有优势（比如我自己），但是他们最终却取得了很大成就。

至于学习曲线，值得庆幸的是，得益于网络和社交媒体，你可以接触到以前无法获取的大量信息。只要能够取其精华，去其糟粕，你就可以遇到良师益友，他们可以帮助你压缩学习交易的时间。

不要犯错误。真正的现实经验是最好的老师，而经验强求不得，需要花时间去获得。通常来说，学习曲线至少需要几年，或许是 5 年，这取决于你在交易上倾注了多少的时间和注意力。

Ryan：高水平的交易需要能够正确地处理很多事，这需要一定的个性特征。你需要非常自律、专注、谦虚，还需要好学并愿意承担风险。如果你缺乏其中一个特质，那么你或许仍然可以获得不错的收益率，但可能永远不是三位数的收益率。

交易所需的大部分技能都可以通过学习获得，但是如果你缺乏承担风险的勇气，就很难在股票到达买入点时及时买入。或者如果你盲目自信，认为自己是对的，市场是错的，那么可能会令自己陷入巨大的亏损之中。我认为学习曲线大约需要两年的时间，如果你还要纠正一些坏习惯，那么时间会更长。通常新手会犯很多错误，从中学习，然后开始采取正确的行动。

Zanger：这需要一定的天赋，但其余的要靠自学。在过去的18 年里我有二十几个朋友或熟人看着我做交易，而其中只有一个人似乎天生可以理解当我看图时都在看些什么，并且天生就能快速地掌握事物的要点。可惜的是这个人年纪尚小，还需要读大学，没有多余的时间和金钱耗费在学习交易技巧上。随着时间的推移，将来也许这个人还会回来做交易，我希望如此，因为她理解图表比别人相对容易。

就学习曲线而言，它真的取决于投入程度。你每天是持续地关注实时的市场动态，还是仅仅瞄几眼？如果一定要给出一个数字，那么我会说一个杰出的交易员至少全职投入交易工作 5 年，并且至少经历一个完整的市场周期。

Ritchie II：我可能是回答这个问题的最好的或最差的人，这取决于你如何看待这个问题。也就是说，当进行天赋与培养重要性的争论时，我实际上处于中立方。我相信，任何努力和天赋都很重要，但不一定是必不可少的。在某种程度上，个人的驱动力、纪律性和热情可以弥补先天不足。老实说，我不认为自己比别人更有才华或更聪明，但我有幸拥有良好的记忆力并且很自律。

我当然认为资质平凡的人也可以学到足够的东西。但说每个人都可以进行高水平交易可能会误导人。关于学习时间的问题，我会推荐 Tony Robbins 的话，他说："大多数人都高估了 2 年内他们能做到的，低估了 10 年后能做到的。"在 2～10 年之间，人们要么已学到成功所需的技能，要么已放弃。

■　■　■

S1-11：即使只有一个小资金量的账户，也可以通过股票交易致富吗？

Minervini：绝对可以！过去有很多机会可以，未来几年还会有更多机会的。这项任务门槛很低，而且现在已经有一个非常公平的环境来获取可用信息。现在是成为股票交易员的好时机。

Ryan：当然可以。复利的力量是巨大的。你不可能在一年内完成所有工作，成功的关键是正确执行自己的方法，而不是关注自己的股票价值。如果你努力工作，从错误中吸取教训并保持纪律性，那么收益就会自己增长。

Zanger：我不仅确定可以，而且我建议所有新交易员开始都用小账户而不是大账户交易。重要的是随着时光来磨炼自己的才能、发现交易规则、坚持遵守纪律，而初始资金量没那么重要。如果你每晚和周末都进行复盘，那么你会有其他交易者不具有的真正优势。这是我成功的必要因素。

Ritchie Ⅱ：这一切都取决于你对"富人"的定义。我认为自己并不富裕，然而，我已经能够拿一个相对较小的账户运作并且使得它的规模逐渐增长，拥有良好的生活，并获得很大的风险调整收益。所以从这个意义上讲，我非常富有。但是，我还没有实现自己的长期目标。如果我不相信股市能提供很好的致富机会，就不会涉足投资了。所以，当然是有可能通过小资金量的账户致富的。

第二部分

选　股

S2-1：如何寻找具有巨大动量潜能的股票？

Minervini：我对于自己买入的股票，会要求它们具有较大的相对价格优势，具体表现为高 alpha 和低标准差。我读过的关于相对强弱指标（relative strength）的第一本书是 Robert Levy 的 *The Relative Strength Concept*。你可以使用现有的许多工具来筛选市场中相对较强的股票，既有免费工具，也有付费订阅平台。

Ryan：我想把这个问题改成如何寻找成长股，因为我不会因为股价上涨而买入股票。买入的股票必须在市场中表现良好，并且具有成长为长期以来最佳股票的一些要素。我使用资源最多的平台是 MarketSmith，其次是 *Investor's Business Daily*。这两个资源旨在帮助你找到最佳的成长股。它们都提供了大量的页面和列表供你查看最佳股票。

Zanger：价格波动对我来说就意味着一切。看到价格大幅波动，我就能说出想要买入的股票。当然，在考虑买入之前，我会小心谨慎地寻找具有特定属性的个股。我甚至可能需要等待几个月才能在一个较好的波段买入不错的个股。要记住，这些动量股股价不稳定，如果在错误的时间买入它们，对你可能会非常不利。

一个我经常引以为戒的错误是，新手投资者买入当天已涨了 10 美元的股票。他们非常乐观导致急于交易，失去理智。他们坚信在接下来的几天里股价能上升到较高的位置。但经不起几个回调，这些投资者就已经离场了，并且指责市场变幻无常，事实上他们应该为自己缺乏克制力而负责。

Ritchie II：在我看来，有时最好的情况往往看起来最可怕，有些股票价格快速上涨并且看起来很昂贵，让人不敢买入。相对强弱指标是找到这种股票的方法之一，实际上相对强度越高的股票越好。

■　　■　　■

S2-2：你们投资的股票对最小交易量有要求吗？

Minervini：有的，但对于我来说这个要求比较低。我经常投资一些每天交易量只有 10 万～30 万股的股票，甚至有时每天交易量仅 5 万股。你不应该害怕交易量小的股票，而应该大胆地研究它们。往往一些涨幅大的股票是你以前从未听说过的小公司。你必须要谨慎，持有一个能及时卖出的头寸。

小仓位优于没有仓位，特别是当股票有可能飙升时。这意味着如果股票每天只有 5 万股的成交量，那么我必须调整我的正常头寸以适应它。但是，比较一下，一只交易量小的股票，低仓位，但是股价大幅提升，一只交易量大的股票，大头寸，但股票走势不定，那么相比之下前者所获得的盈利会更高。我赚的大部分钱来自交易量相对较小的公司股票。

Ryan：通常股票标的每日交易量至少 10 万股以上我才考虑，否则我会避开它。

Zanger：我试着只投资那些每天至少有 200 万股成交量的股票。在由于评级下降或整体市场暴跌而出现流动性紧张局面的时候，卖出 10 万股或更多的股票会非常困难。即使是每天交易量高达 200 万～400 万股的股票，有时也会出现极端交易量或流动性"枯竭"的情况。

没有比自己成为自己最大的敌人更糟糕的情况了。在这种情况下，因为你自己的卖出导致股价下跌，而没有人想在得到坏消息后或股票被下调评级后买入股票。你卖出每 1000 股股票就会导致价格再次下跌 0.50～1 美元。

我记得在 2007 年 9 月中旬我买入了百度公司（BIDU）股票，它在短短三周内从 212 美元涨到了 360 美元。我当时持有超过 6 万股股票，有些公司对百度 360 美元的价格下调评级，并且股价在开盘时开始下跌。我认为这次下调评级将使得股价下跌约 10 美元，但跌幅很快就超过了这一数字到达 17 美元，还看不到任何买家。我对自己说"大事不好"，开始迅速卖出股票。在我完全退出之前，股价又下跌了 5 美元，但它最终在一天收盘时又下跌了 60 美元！我简直难以言喻，在股价又下跌 60 美元之前就卖出让我多么高兴。

我记得在这次抛售之前，百度每天交易量为 200 万～300 万股，我抛售时仍然比较困难。我还有许多大量抛售的情况，但重要的一点是将自己的头寸规模调整到适合股票标的平均每日交易量，以便应对需要快速卖出的情况。

Ritchie II: 我通常不会投资那些平均每日交易量不足 2.5 万股的股票。

■　■　■

S2-3: "暗池交易"有没有改变你们分析交易量的方式？

Minervini: 没有。尽管在这种情况下成交量可能会发生日内偏离并影响外推法（extrapolation）的分析，但所有日终成交量数据都是完整的，这是我最关注的数字。

Ryan：对我来说，成交量是股票的命脉。成交量表明了股票的基本供应和需求。股价的大幅上涨总是受大额成交量的推动。正如 William O'Neil 一直所说的："这个大额成交量的来源不是住在这条街道的'苏茜姨妈'，而是共同基金、对冲基金和其他大型基金的基金经理，他们为股票上涨提供动力。"无论是否存在暗池交易，优质股票的量能特征都没有改变，都会显现出来。如果你没有学习如何分析交易量，那么你将缺乏大部分技术分析的途经。

Zanger：成交量是趋势投资的母乳，对价格走势至关重要。到目前为止，暗池交易中的交易量在日终时仍然被计入，所以尽管很晚，投资者还是可以看到股票交易量的总数的。就我个人而言，自暗池交易发展以来，我没有注意到它的影响。

Ritchie II：成交量在我分析股票的过程中发挥了重要的作用，因为我想寻找有量能积累的股票，所以我经常寻找成交量大幅上涨的日子，以及在卖出时成交量下降的日子。我不认为暗池交易是我分析中的重要因素，因为我在寻找成交量的整体变化趋势，而且我经常看中小型股票，这些股票没有那么多的暗池参与。

■　　■　　■

S2-4：你们有没有抄底过股票？

Minervini：我不会试图在股票下跌时选择底部！然而，我会买一只正常回调的股票，但仅限于它通过一个枢轴点向上并且股价处于强劲的上升趋势时。我从不试图接飞刀。根据我的经验，试图抄底只会导致亏损。

Ryan：我从不在股价出现新低时买入。

Zanger：我在混乱中抄底过，但这种情况很少。在过去的 20 年里，我持有过的盈利最多的股票，也就是帮我赚了 95% 的收益的股票，是那些在非常坚实的基础上创下新高的股票。

Ritchie II：我绝不会在趋势行情下这样做的。我会不时用少量期货做"抄底"，但仅限于价格合适和时间紧急的情况下。

■　　■　　■

S2-5：*你们会买低价股票吗？如果买的话，你们对待它们与对待价格较高的股票的态度有什么不同？*

Minervini：大多数人认为需要投资低价股票才能占到先机并获得巨大收益。他们认为 1 美元的股票上涨到 2 美元比 30 美元的股票上涨到 60 美元更容易。这不对！因为 1 美元的股票更有可能变为 0。从历史经验来看，平均而言，收益最大的股票是从每股

30 多美元开始启动，后期才有大幅回报的。

投资者犯的另一个错误是，他们认为持股数量越多越好，因此他们购买低价股票。恰恰相反！我想持有最少数量的股票，因为我持股数量越多，流动性问题就越大。与低价股相比，我更喜欢价格在 20～30 美元的高价股。在大部分时间里我设置的股价下限都是每股 12 美元，我的投资 80%都是价格在 20～30 美元的股票，这个价格区间更有可能吸引机构投资者买入。

2008 年严峻的熊市造成了低价股数量的激增。从那时开始，我投资了比以往多一点的低价股。然而，低价股很少进入我的投资组合。当把它们加进投资组合时，我试图在相对风险更低的点买入，因为它们往往比价格较高的股票的波动性高。

Ryan：我很少买股价在 15 美元以下的股票。优质的公司通常股价较高。当我购买低价股票时，对它的处理方式与对待我的投资组合中的其他股票相同，没有什么改变。

Zanger：我发现大多数便宜的股票其便宜都是有原因的，因为它们缺乏我需要的股票的许多特征。此外，如果一只每股 100 美元的股票上行突破失败，那么我可以在其价格下跌 3%左右时及时止损，而 10 美元的股票价格下跌 1 美元就让我亏损 10%。价格较高的股票往往流动性较高，可以在短短几周内获得 30～50 美元的收益。

我很少买入每股 70 美元以下的股票，但我最近买入了一只每股 2 美元左右的股票。2013 年 11 月，我买了一家生物技术公司的股票，叫 Idera Pharmaceuticals Inc.（IDRA）。我以 2.20 美元左右的价格购买了超过 45 万股，它在两个月内上涨至 6.60 美元，然后停滞不前（见图 2.1）。当它停滞不前时，我获利离场，获得约 120% 的净收益。

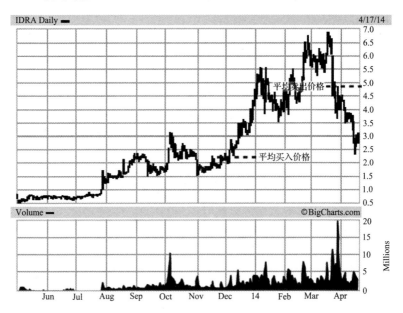

图 2.1　Idera Pharmaceuticals Inc.（IDRA），2013—2014 年

这可能是自互联网泡沫以来，我唯一能回忆起来的投资标的低于 70 美元的成功案例。我一般在每股 40～60 美元的区域买入

股票，不过很多时候在每股 70～300 美元的区间买。

Ritchie II：在进行趋势投资时，我只购买流动性高的低价股，并且其相对价格优势要处于市场前 2%～3%。相对于我的总体风险敞口，我会采用较小的头寸向它们投资，因为这些股票的波动性往往更高。

■　　■　　■

S2-6：你们通常运用"自下而上"还是"自上而下"的方法寻找个股？

Minervini：30 年前在刚开始投资时，我是一个"自上而下"的投资者。我从整体市场开始分析，然后看最好的类别，最后看这些类别中的股票。但是我发现，当该类别股票在强势市场中抢手时，最好的股票已经爆发了。我经常错过那些涨幅明显的龙头股。

后来通过复盘思考，我的表现得到了显著改善。其原因在于，按照定义，龙头个股就是那些领先的股票。在低迷的市场中，一些龙头股股价不会下跌很多，比如 1990 年医疗保健行业的股票 Amgen（AMGN）和 U.S. Surgical（当时的小型不知名公司）等，在相当严峻的熊市期间，它们的 50 天移动平均线几乎没有下移，而在随后的牛市中它们成为大赢家。

Ryan：我通常用自下而上的方法，但有时我会看某一类别股票的价格走势，浏览该类股票以试图找到组内最佳标的。周末在筛选股票时，我通常按照组列顺序对它们进行排序，列表顶部是最强的组。当你拥有的股票是所有组中的前 25%之一时，你就会迎来最佳涨幅。

Zanger：我肯定用自上而下的方法。我在各类别中寻找强劲上涨的类别，然后在找出一个小组后，我会关注那个小组的龙头股。对我来说这通常是正确的做法，但是我也拥有许多不是组内龙头股的个股。实际上，我在一些不起眼的小组中也找到了一些能带来巨大收益的股票。

Ritchie Ⅱ：我先寻找个股。无论我看到什么，都会将其添加到自己的列表中，这通常会反映出市场整体概念热点在哪里，或者说明哪些类别的股票热度在下降。

■　　■　　■

S2-7：你们如何找到表现最好的行业？

Minervini：我通过表现最好的股票寻找最好的行业。行业由个股组成，所以我专注于个股。有时，一组中只有少数公司看起来有吸引力，有时则有很多公司表现不错。例如，半导体工业中有许多表现优良的公司。关键是要尽早发现组内的领头羊。这需要有能力在一般市场下、甚至在该类别股票疲弱的状况下，仔细辨别个股。例如，当纳斯达克指数低于其 200 天均线及其 50 天均线时，则价格依然超过其 200 天和 50 天均线的股票就值得研究了。当市场开始上涨时，这些股票可能会成为下一波市场龙头股。

Ryan：我每周都会浏览几百只股票以寻找龙头股。在通常情况下，当股票上涨时，该类别的其他股票也会随之上涨。我还通过阅读 *Investor's Business Daily* 和 *MarketSmith* 寻找领先行业。据我所知，这些出版物仍然使用我在 O'Neil＆Co 公司工作时为行业排名而开发的权重系统。

Zanger：我使用了 AIQ Trading Systems 的图表程序，并且已经在"标签列表"中输入了大量先前表现良好的股票和指数。我会滚动浏览此标签列表，每隔两三天了解一下哪些股票或行业运作良好，哪些表现不佳。

这个手动过程我已经做了 25 年。顺便说一句，这个清单包含大约 1400 种股票，这使得浏览起来非常耗费人力。但这是我们工作的基础：尽早留意设置和图表模式。

Ritchie II：我不寻找类别，只找强势个股，然后看看是否有任何类别或主题表现不错。

■　　■　　■

S2-8：你们是否交易首次公开募股（IPO）的股票？对于一家没有交易历史的公司，如何定义其趋势？

Minervini：我会等到 IPO 后产生 3～4 周的交易记录后再去看。交易最近上市的 IPO 股票时，分析的时间框架肯定会被压缩。短短几周内不存在长期趋势，所以我专注于股票图表及其价格和交易量。我希望看到在技术形态和基本面方面，该新股的特征与具有较长交易历史的某家公司相同。如果可供分析的背景更全面，那么我会买入经过并购形成的股票，最好是在接近其历史新高时的点位。

Ryan：我也是这样的，喜欢在交易至少几周后才买入新股。最值得买的 IPO 股票是在没人关注的情况下在熊市上市时期的股票，然后它在三个月或更长时间内打下良好的基础，当整体市场走高时，它就可以突破第一个新高了。

Zanger：一些 IPO 股票在刚上市几天到一周时通常表现良好，然后它们在几周到几个月的时间里开始震荡盘整。正如我对所有动量股票的交易方法一样，当 IPO 股票在坚实的支点区域时我会买入。

Ritchie II：我不会在上市当天交易刚 IPO 的股票。像 Minervini 和 Ryan 一样，我一般希望它们至少被交易了几个星期，最好是几个月。一旦 IPO 后建立了一个合适的价格区间，我对待它们就会跟对待我感兴趣的其他股票一样。但是，我可能会更看重这只新股，因为它并没有被大量的机构购买或覆盖跟踪，所以你可能会发现一个潜在的绩优股。

■ ■ ■

S2-9：你们对大盘股和小盘股的选择标准是否不同？

Minervini： 由于大多数投资者会跟踪覆盖大盘股，有可能最终陷入"拥挤交易"，特别是在股市热度很高并且每个人都在谈论它们时，因此，股票价格行为通常会更随机，我倾向于当这些公司股票降至低点并于低位震荡之后再买入。所以对于大盘股，我会经常尝试在调整区间就买入。购买大盘股的最佳时机是刚走出熊市或它离开深度回调区的时刻。对于小盘股，我倾向于当它们接近新高时再交易，因为它们的定价效率较低，所以我不必"击败人群"并试图在更低价买入。

Ryan： 我认为大盘股的增长率会比小盘股低。这只是一个数字问题，与年销售额 2 亿美元的公司相比，年销售额已达 10 亿美元的公司其销售额翻番是很难的。大型公司通常有更好的流动性，而且买入/卖出更容易。但是，对于一家大型公司而言，你很少能够获得与小型公司同样的价格波动。

Zanger： 我通常不想投资大盘股，因为它们往往没有我想要的增长率。但我投资的个别股票，如苹果（AAPL），已有近 60 亿流通股，但仍有 30%的增长率。我交易的大多数股票都在 4 千万股到 8 亿股的范围内，最近有一些股票在 20 亿股的范围内，如 Facebook Inc.（FB）和阿里巴巴（BABA）。阿里巴巴上市一个月后股价变得非常火爆，但后来崩盘了。尽管如此，我还是设法锁定了每股 25 美元的收益。

Ritchie Ⅱ： 股票的盘面越大，我对它打的折扣就越大，这是因为错误定价的可能性与股票的盘面大小成反比。也就是说，如果一只股票被许多分析师覆盖并且被成千上万的交易者观察，那么它被错误定价的可能性就较低，因此产生的超额收益低。这不表明该类股票不应在特定时间进行交易或购买，但总的来说，如果你想要超额收益，那么应该对大盘股打更大折扣。

■　　■　　■

S2-10： 你们会做空股票吗？如果会，你们是如何决定转向空头的？还是你们会同时持有多头和空头？

Minervini： 我很少同时既做多又做空。我通常做多或者持有现金。在熊市中，我会做空头交易，如果看到顶部形成、一些龙头股票价格下跌，我也可能做空。如果我的股票价格有重大突破，那么我会少量做空，但会随着股票再次遭到抛售、股价下跌时成交量增加而买入。

Ryan：很少存在可以同时做多和做空的市场。市场朝哪个方向发展，你就应该倾向于哪个方向的交易。横向盘整的市场对双方来说都很难投资。我的大部分资金都是做多的，在熊市期间倾向于持币观望。

Zanger：我不会同时做多和做空。如果市场强劲，那么我为什么要做空？在强劲市场中做空头不划算。总的来说，我很少做空，因为我通常关注波动率高的股票，它的回弹可能非常突然，会让你很快失去头寸以至于没有时间做出足够的反应。

我也有过一些非常成功的做空经历。但所有这些都来自股票突破其长期快速上涨的趋势线或上行通道，同时公司收益也受损的情况。

事实上，2004 年 eBay（EBAY）在利润不达预期时帮我赚了不少钱，我做空了 160 000 股，该股在发布盈利公告后不到 10 分钟暴跌 20 美元。在该公司财报发布后的几天里，股票还在继续走低，然后我反向操作锁定收益。但是这样的卖空成功的例子很少。

Ritchie II：我发现做空比做多要困难很多，我做空的次数较少而且一般采用另外的方式。在身为初学者时，我不会直接做空基础股票，因为原则上我不想进行那些理论上风险无上限的交易。如果我要做空股票，就只会通过期权实现，通常使用差价，因此我可以很容易地确认风险和回报，并权衡相应的概率。

这通常也适用于整个市场，因为有时我会做空市场指数，但主要用期权，有时用期货。我的做空方式通常是等股票经过一次强势突破后，再伺机对一个"死猫反弹"（dead cat bounce）做空。我不会做空任何处于新高的股票，因为在我看来这是一个短暂的错误主张。

■   ■   ■

S2-11：你们是否曾经等观察名单上"最喜欢的"股票达到买入点位再交易，并推迟交易其他股票？

Minervini：我尽量避免拥有"最喜欢的"股票。即使我的直觉告诉我某个标的非常好，我也学会了不相信自己的直觉，因为它终会出错。如果对交易有强烈的执念，那么就很难相信市场，也很难摆脱自身的想法。如果我等待一些股票起飞，但其他股票已经爆发，那么我可能会错失一些关键龙头股。我想让市场而不是让我的想法引导我。市场永远不会错，但人的想法常常是错的。

Ryan：我没有这样做过。如果其他具有我看重特征的股票达到买入点，我就会买入它们。我的观察名单上"最喜欢的"股票可能永远不会上涨，但我会选择那些在股市走高的股票。

Zanger：我经常这样做，但必须要谨慎，因为在你"最喜欢的"股票启动之前，另一只强势的股票价格涨幅可能已经很惊人了。我通常会参与新出现股票的下一次强势突破，如果它努力上涨，那么它很容易成为我的新宠。然后，如果原来喜欢的那只股票强势突破，那么我可以减少我在新股票中的头寸，并买入原来那只。

Ritchie II：嗯，"最喜欢的"是一个棘手的词，我尽量避免有最喜欢的股票，因为它会干扰良好的判断力。但是，如果某只股票我确实想买，无论预先已经买了多少手，我都会购买。如果我只想进行一定程度的风险暴露，并且想买的股票尚未达到买入点位，那么我会相机行事。但是，通常不会推迟买入符合我筛选标准的其他股票，我认为市场比我更聪明，所以会尝试先购买先行的任何股票。

第三部分

头　寸

S3-1：你们通常持有多少股票？你们认为人们应该集中投资还是分散投资？

Minervini：重点是如果你进行多元化投资，则不会持续获得巨大回报。如果你有一个投资优势，那么多元化并不能保护你，反而会稀释你的业绩。我想尽可能地集中投资，单个头寸要占到我投资组合的 25%。如果低于 25%，那么我可能不会投资，这就是我的理想头寸。这个数字不是我凭空想出来的，从数学上讲，一个 2∶1 交易者的最佳头寸规模是 25%。你可以搜索"Optimal f"或"Kelly 公式"，以便更深入地了解这个问题。

当然，在投资高度集中的情况下，你必须时刻关注这些股票，并在出现任何问题时果断平仓。要通过这种方法进行集中投资并管理下行风险，从而获得巨额回报。如果你的判断是对的，你就会赚大钱。

Ryan：完全同意 Minervini 的看法！为了在股市中获得巨大收益，你必须集中投资。我以 10%的权重进行每项投资，也就是说我的投资组合中有 10 个头寸。我从不想持有超过 10 只股票，因为那将难以密切跟踪。

如果我的某只股票上涨了，建立了一个新的根基，并且再次开始上涨，我将进一步增加头寸。比如现在有 13%的仓位有增值，我可能会再购买 5%～7%将其仓位提升至 18%～20%。我只对上涨且表现良好的股票增加头寸。只有上涨后，头寸才会变得更大，并且在新根基形成后继续购买。如果我不想继续增加资金，我将减少投资，或完全卖出组合中表现不佳的股票。

Zanger：这取决于市场情况。这是一个强大的牛市吗？牛市周期有多长？有多广泛？在有多个上行动力的强势市场中，我拥有多达 22 只股票。在较为常见的市场中，上行动力较弱，我可能会有 8～10 只股票，其他时候只有 5～6 只股票。在市场波动、时常下跌的情况下，我可能只有 2～3 只股票，占据总投资组合的 10%～15%，如果市场像 2014 年那样极度波动，那么我可能根本不会参与交易。

2006 年，即使有一些股票创下新高，我在这个异常波动的市场中依然遭遇惨败。新高不是收益的保证。在这场游戏中获益的关键是，即使有几只股票创下新高，诱惑着你去投资，你也不要投入任何头寸。对我来说，只有少量股票上涨并不是交易的有利时机。

整体市场必须有能进一步走高的动能，并且市场中很大一部分股票也创下新高。大量股票在图形上显示强势根基，并且有不断扩大的盈利，这些都是整体市场健康发展的重要指标，也是我的投资组合情况良好的有力反映。

Ritchie II：我持有股票数量的变化非常大，具体取决于我对市场健康度的预判。在防御时期，我没有头寸；相反，当我全仓买入时，我可能有多达 20 只股票。这也取决于我对目前市场正处于牛市整体周期中位置的判断，但理想情况下我希望仓位越集中越好。

我不认为多元化必然是坏事，但如果你想取得超越市场平均数的业绩，它的价值就被高估了。持续超越业绩比较根基的唯一方法，是将仓位集中在表现优异的公司上。事实上，我认为，在交易方面，任何你听到的大众方法论都应该受到质疑，多元化投资也不例外。

例如，一般认为集中投资少数几家公司风险更大，而分散投资是安全的。如果你可以选择拥有 5 只股票还是 50 只股票，那么拥有 50 只股票可能更安全，然而，怎么可能有人像关注 5 只股票一样密切关注着 50 只股票？

如果你只看几家公司，就会知道某些事情不对并很快采取行动。此外，有多少公司可以真正超越根基？因此，从某种程度上说，如果你拥有更多股票，必然也有更大比例的股票表现不佳，因为所有条件都是对等的，只有小部分股票在任何特定时间都表现优异。

■　　■　　■

S3-2：在交易时，在你们的权益类投资中风险敞口一般是多少？

Minervini：通常在我的权益类投资中风险敞口在 1.25%～2.50%之间。例如，如果我有 25%的头寸并设置 5%的止损，那么我的总权益的风险敞口为 1.25%。

Ryan：每次交易我的最高风险敞口为总股本的 1%。在初始买入时，我将权益投资分为 10 个头寸或者说各占 10%的权重。如果我在一只股票上遭受的最大损失为 8%，那么实际损失相当于不到总股本的 1%。在大多数情况下，我会在 8%的亏损前止损。

Zanger：我接受的损失范围相当小，所以我可能的风险敞口为该次交易价值的 2%～3%。当然，不排除由于坏消息引起股票的价差极大，导致我可能一夜之间一个头寸就失去 10%～15%或者更多，实际上这种情况在我的职业生涯中时有发生。

一般情况下，每笔交易最多占我的仓位的 10%，这意味着每笔交易的风险敞口为总资产的 1%（20～30 个基点）。在极少数情况下，如果一只股票表现出高盈利和强势突破时的惊人成交量，那么我可能会将头寸扩大到 25%。

Ritchie II：过去几年，我的每笔交易平均风险敞口水平逐年下降，但平均而言，每个头寸在最开始有大约 50 个基点的风险敞口，然后我会逐渐增加规模。

■　　■　　■

S3-3：通常你们全仓投资时会买多少只股票？

Minervini：很少超过 10～12 个头寸，我更喜欢将头寸数量控制在 4～8 个，从最好的公司中获得尽可能多的钱。

Ryan：在我的投资组合中，头寸数量会少于 10 个。我将我的投资组合划分为 10 个不同的细分类别，首次买入单只股票只用 5%的资产。如果它很快开始上涨，那么该头寸将被增加到 10%。从这时候起，该股票的变动情况将决定它在投资组合中的占比。如果某只股票获得了不错的收益，并且目前已经占到了总投资组合的 15%，加上建立了新的根基点，那么当其强势突破时，我可能会增加头寸到投资组合的 20%。

Zanger：这取决于市场情况以及有多少上涨的股票和行业。根据市场情况，我会拥有 8～25 只股票。

Ritchie II：我一般将数量控制在 4～12 只，这与我近期对市场的信心有关，也与所判断的目前所处市场周期中的位置有关，就是说我们是处在牛市的开始、中间还是后期。

▪ ▪ ▪

S3-4：你们交易的最大头寸是多少？你们是否曾经用全部的资金买过 1 只股票？

Minervini：我的最大头寸是理论最优值 25%。如果你在交易时更保守或你是新手，也许可以有 10%～12% 的头寸（8～10 只股票）。但是没必要买 25 只股票，也绝不应该用整个投资组合来投资 1 只股票，风险太大了！

在 20 世纪 90 年代初我就被上了一课。当时考虑买一只股票，我认为它是美国医疗保健的未来，但我最终没有买。第二天早上股价下跌了 80%。那时我意识到永远不要只持有一只股票来冒险。如果有 25% 的仓位，那么我有足够的集中度来取得巨大的收益；相反，如果发生灾难性事件，损失仍然是可以弥补的。

Ryan： 当整体股票市场表现良好并且我的大多数股票价格都在走高时，股票升值导致权重增加之后，我会把该股票的头寸调到 25%。我不会一开始就买入 25%。

Zanger： 我只"全仓买入"过一次，那一次几乎完全毁了我。一家公司的股票周五交易价格为 27 美元，周一下跌至 6 美元，因为 *Barron* 发布了一则报道，称我持有的股票所在公司存在财务造假行为。感谢上帝，股票不用保证金，否则我要把所有财产交给法院，我会破产。

另一方面，我曾在谷歌（Google Inc.）（GOOG）2005 年上市时持有一个非常大的头寸，当时约占账户总资金的 50%。这对我来说是一个巨大的成功，也是我最后一次在单只股票上投资这么大的比例。苹果（Apple Inc.）（AAPL）股价在 2012 年有两次大幅上涨，每次上涨时我的仓位比重不超过 30%。

一般来说，对于一只非常强势的个股，如果它从一个很好的根基点突破且收益可观，那么我会买入高达 20% 的仓位。

Ritchie II： 我通常不会在一只股票上投资占比超过 25%，但在某些情况下我在一家公司中投入高达 50%。我不主张将账户所有资金都投资在一只股票上，我从来没有这样做过。我只会对已经获利的公司股票持有一个大的头寸，这样当趋势判断正确时，我就可以买入更大的头寸。

■　　■　　■

S3-5：你们交易的最小头寸通常占自己账户资金量的百分比是多少？

Minervini：如果判断不正确并且不断达到止损线，我就会逐步缩减头寸。所以在这种情况下没有最低限度。但是，我通常希望开始时至少有 5%。

Ryan：当市场没有呈现稳定上升的趋势时，我的初始头寸会小于 5%，然后在上涨时将其提高。

Zanger：好吧，如果这是一个不稳定的市场环境，那么我可能会投资 1%，只是为了与市场保持一致。我认为在市场上保留一点资金可以帮助自己提高对市场的敏锐度。如果一点头寸都没有，那么当市场转向时，太容易在海滩或高尔夫球场上干看着而错过一轮行情了。

Ritchie II：我没有最低的特定金额，因为有时一些小公司可能无法买很多，但我仍然会根据其流动性持有合适的头寸。对于流动性不是问题的公司（大多数公司），我通常不会持有低于 6.25%的头寸。

■　　■　　■

S3-6：你们定义每笔交易大小是根据在险资金的规模，还是根据其所占总量的百分比？

Minervini：有时候我参与交易并对自己说："在这次交易里面我最多只愿意亏损这么多钱。"然后我会遵守这个原则。但大多数时候，我使用的是百分比的方法。一般来说，我的"涉水"交易是5%～10%的头寸。当股票如我想象中一样上涨时，我会用组合的25%投资几家最好的公司。

Ryan：我会按固定百分比的方法来交易。即使账户规模变大，百分比也保持不变。

Zanger：我会根据"如果股票明天骤跌我将损失多少"来确定是否进行每笔新交易。我希望在交易之前就控制亏损，而不是之后才去控制。如果觉得可以接受潜在的亏损金额，那么我会考量股票的流动性，这直接决定了当股票下跌时我能多快套现。然后，我才会思考买多少。如果它是一家在全球都拥有影响力并带来丰厚收益的顶级公司，那么我可能会投入高达20%的组合资产。

更多的情况是，在整体走强的市场中，每只股票占有5%～7%的比重，但我会在更强势的股票中投入更多。你必须对市场敏感，以便确定最佳头寸。这种直觉真的只能通过经历几次市场洗礼才能得到。

Ritchie Ⅱ：我根据每只股票所占百分比来确定持有股票的数量，但我非常清楚我的平均损失是多少，所以不论是在每笔交易中还是在整个投资组合中，我总有进行风险暴露的适当股票数量。如果没有流动性问题，那么我通常以最大头寸量的一定比例进行交易，例如，如果 25%是我的最大头寸量限制，那么我将以 12.5%或 6.25%的增量进行交易。

■　　■　　■

S3-7：你们会根据全年账户资金的增长同步增加头寸，还是保持着相同的头寸大小使得每笔交易具有同样的风险敞口？

Minervini：我根据账户资金量增加头寸。但我建议新手稍缓一些，直到账户资金上涨 25%甚至 50%时才增加头寸。

Ryan：我的头寸大小由整体账户的固定百分比确定。持仓 10万美元还是 100 万美元并不重要，只要在我决定投资时它占到整个账户的 10%即可。

Zanger：这是个好问题，也是多年来我必须要处理的问题。随着时间的推移，我尽量避免增加每笔交易的规模。增加规模基于一个假设，即市场上涨的同时我的账户资金量也在增加，而市场上涨的可能性更大。然而，这个假设总是很容易被修正，导致由于头寸规模更大使得风险敞口增大，而这对我来说不太划算。

Ritchie Ⅱ：我从下行风险的角度来考虑这个问题，以便在上涨时能积极地增加头寸，但在防守时，不必因为下跌而不断减少头寸。具体方法是查看我过去的交易记录，以确定通常的下行百分比。一旦我确定了这个数值，就不会再增加头寸，直到赚到比我平均的下行额度多很多的利润。

■　　■　　■

S3-8：是什么让你们有信心用一个很大的头寸去买某只股票？

Minervini：风险越低，我使用的头寸就越大。风险大小取决于止损设置以及股票的流动性。我会用扑克牌顺序对交易好坏进行评分。比如 A 和 K 是最好的牌，我会非常重视，而对于一对 7 我只会部分关注。我还希望有一些现金留存，这样在收益后还能追加投资。

Ryan：首先，我认为该公司股票要拥有一只龙头个股的所有特征。其次，如果股票价格处于强势上涨区间而且在回调时几乎没有卖出，则会让我非常有信心。最后，如果我们处在牛市中，那么所有股票都可能上涨，这也会让我有信心买入更大的头寸。

Zanger：多年的交易经验大有裨益。识别交易量大且收益惊人的强势股票是不可或缺的能力。但能够成功识别出最微妙的看涨和看跌技术信号则是一个重要技能，每次都有助于我提高信心。

即使是一个正在突破的优质股票也可能会提前陷入困境，出现看跌信号警示。我可以基于图表中的微妙变化立即减少股票仓位的 30%～50%，或者全部卖出。

如果我在股票上涨 20 美元后卖出一半的头寸，就锁定了 20 美元的收益。如果股票继续上涨，那么我仍会因为剩余 50%的头寸享受良好的收益。如果股票下行，那么 50%的原始投资已经锁定了 20 美元。当你在读图方面有明显优势时，没有什么比这样双赢的场景更有助于提升信心了。

Ritchie II：成功。这是 Mark Minervini 对追随者强调的一个概念，我很幸运能够在职业生涯早期就感悟到它。至少对我而言，在成功之后进行大规模交易会容易得多。并且这降低了畏缩不前的风险。此外，完成作业并做好准备两者结合，还消除了我在进行更大交易时的情绪波动。

■　　■　　■

S3-9：你们如何确定股票的"质量"？如何量化地判断一只股票比另一只股票更值得投入资金？还是说你们保持所有的头寸大小相等？

Minervini：我试图让它们的头寸一样，但出于几个原因，会有多有少。首先是流动性和波动性，如果股票交易量真的很小或波动性太大，那么我是不会冒很大风险的。其次是我的交易节奏，如果我没有完成过一些成功的交易，那么通常我的交易规模较小，即使是对于看起来值得下重金的公司股票，也是如此。股票的"质量"取决于价格、交易量及盈利能力。更好的公司具有更强的价格表现、更高的盈利和销售水平。

Ryan：在 40 年的投资经历中我浏览了大概数百万张图表，一只很棒的股票在启动之前会有着某种范式。这种股票在突破之前的一周或两周内，通常有着价格行为的对称性和狭窄的交易区间，这使得我有信心快速买入全部头寸。该股还必须具备强劲的基本面以配合价格行为，让我相信这可能是一只龙头股。

Zanger：波动性，加上一个坚实的价格根基是主要因素。根基持续的时间，以及是否是一个高水平可扩展的根基或者它是第一阶段还是第二阶段的根基，是次要考虑因素。我会在日内走势幅度大的股票上投入更多资金。在坚实的价格根基上上涨潜力越大，我想投入的资金就越多。更有甚者，该股票多半有很多大幅上涨的信号。

Ritchie II：我当然不会保持所有头寸规模相等，无论你的资产类别或策略如何，原则上，我想你应该对一些想法更有信心。量化股票质量确实是一门艺术，我也努力在此方面不断进步。

一般来说，我先看技术面，然后看基本面，最后看股票所属类别。最好的情况是三项都占优，然而，这并不一定意味着我会用最大的头寸去买入。因为在很大程度上头寸也取决于我最近的交易成果、投资组合的整体风险和流动性，因为有时候一家非常好的公司可能是小盘股，我不能买入巨大头寸。我会尽可能多地买，但最重要的一点是，必要时，我能够很快卖出以摆脱不利的局面。

第四部分

技 术 分 析

S4-1：是什么促使你们最终买入一只股票，而不仅仅停留在对该股票感兴趣阶段？在购买股票之前，你们最看重的因素有哪些？尤其在价格和交易量方面，你们的考虑因素是什么？

Minervini：价格波动幅度逐步缩小，伴随着成交量的低迷或卖空。为了通过动量股快速赚到超额收益，你必须学会利用最强劲的波动和最正确的时间。在你发现一只趋势强劲的股票后，波动率降低或形成 VCP 是最好的买入指标，它们帮助你确定股票是否已形成最小阻力线并且有潜力穿过枢轴点爆发上涨。关于这种分析方法的详细说明及交易方式，参考我的书《股票魔法师：纵横天下股市的奥秘》（张泂译，电子工业出版社出版）。

Ryan：我会寻找稳定的价格行为。像 Minervini 一样，在买入之前，我不喜欢价格的波动。在股票价格大幅上涨之前，应该有一周或更长时间，它都很安静或只有小幅价格变化。这种稳定性通常需要股价基数较大，并且处于其图表模式的上半部分。

Zanger：简单来说，由股票白天的价格行为决定。股票价格行为不突出说明该股票表现不佳。就如赛马，我会寻找像 Secretariat，Affirmed 或 American Pharoah 这样的纯种马，但是它们很少出现。所以你需要每天关注市场动向，磨炼技能以挑选出那些上涨幅度很大的股票，并学会尽早辨别出它们。

Ritchie II：对我来说一般的经验法则是，我希望一只股票行为有序，它先处于上升期，然后处于整合期。理想情况下，在整合期不会有大额交易量，如果交易量低于平均水平就更好了。实际上对于我了解的公司，当价格到达我的期望值时，我就会做出买入决策；对于我不了解的公司，我可能仅观望。但作为一般规则，我会在这一天开市之前就做出决定。

如果当天的价格表现真的很好，那么我可能倾向于承担更大风险并且买入更大头寸，反之我会更保守。我让价格行为来决定初始日的投资计划应该变通得更积极或者更保守。

■　■　■

S4-2：如果股票的基本面较差，但当下处于一个牛市上涨行情且技术面表现很好，那么你们是否会投资呢？

Minervini：最成功的交易往往同时具备优质的基本面、技术面和牛市行情。因此，我试着去挖掘那些在健康的市场环境中基本面和技术面俱佳的公司。但是，生活并不是完美的。基于技术分析得到的股票，我称之为"无法解释的力量"，它们通常提供了很好的风险—回报，因为它们不那么抢眼，也不太可能交易"拥挤"。所以，我会投资图表确实强劲但基本面优势不明显的股票。

大多数时候，当我忽略表层的基本面情况，关注处于强劲趋势行情的股票时，图表会显示一些大事情确实正在发生。这很可能出现在生物技术股和医疗股中，通常是这些公司的新药拿到交易授权或者得到 FDA（美国食品和药物管理局）的批准。

Ryan：我可能只基于技术分析就买入股票，但不经常这样做。我希望股票的基本面和技术面显示的走势一致。如果两者都不错，那么它可以为股票提供长达数月甚至数年的长期上涨动力。如果股票仅存在技术面优势，则投资将很快盈利，因为上涨不会持续很长时间。我不会进行日内交易，我偏好于只要股票处于上升区间就长期持有。如果你进行短线交易，那么也许你可以只看技术形态。

Zanger：我会的！正如 Minervini 指出的那样，一些牛股在具备良好的盈利能力之前就会上涨。First Solar Inc.（FSLR）于 2006 年年底以每股约 24 美元的价格上市并且当时还没有盈利，但在稳健盈利公布之前的 18 个月里，该股票一路上涨至每股 300 多美元。

顺便说一句，那时的收益令人难以置信，并且该股票价格涨至最高点，每股收益超过 300 美元。那之后，股价于 2015 年降至 40 美元。股票的上涨常常先于良好盈利状况的公布，但情况并非总是如此，特别是在牛市的后期。

Ritchie II：两种情况下我都会买。我喜欢基本面优质的股票，但如果图表走势看起来非常好，那么即使基本面不佳，我也会买。相对 Dave 来说，我的大多数股票都是投机，而不是长期投资。

■　　■　　■

S4-3：基本面不佳但相对强势的股票交易接近新的 52 周高位仍然有资格成为"领头羊"吗？有人可能会说，高 RS 必须有一些根本原因。

Minervini：嗯，它可以被称为价格领头羊，根据定义，成为市场领头羊是因为它的表现优于整体市场。市场领头羊可以用价格行为、收益水平、销售量等因素来衡量。虽然我更倾向于上面这些因素兼有才称之为市场领头羊，但正如我之前所说，生活并不是完美的。

市场领头羊的理论定义是它相对于全市场及全行业价格行为更优。有时候公司会有明确盈利，有时候却没有。然而，历史表明，70% 的龙头个股在大幅上涨前都有明确盈利。然而，如果你正在投资生物技术股，那么在通常情况下，盈利不会那么明确。

Ryan：是的，你可以说它是一个价格领头羊。然而，更可靠的领头羊兼具强大价格优势和良好盈利。

Zanger：它肯定有资格成为价格领头羊。正如 Mark 指出的那样，大多数生物技术股都存在这种情况，因为很多公司股价大幅上涨但根本就没有盈利。它们的价格上涨基于研发的新药或化合物所带来的未来收益。

许多股票价格可能会在良好收益出现之前就爆发式上涨。正如一百多年来不断被证明的那样，市场在实体经济向好的消息公布前就已经上涨了 6～9 个月，其实个股也大致遵循相同的规律。

Ritchie II：当然，如果一只股票相对"领先"，那么它就是一只领头羊，在我的名单上它会成为潜在买入标的。

■　　■　　■

S4-4：我认为，你们要买入的股票标的需处于上涨趋势中。你们如何定义"上涨趋势"？

Minervini：你是否曾经第一个出现在派对上？我打赌你曾经有过这样的经历，并且坐了一会儿等待派对开场。直到大家都到场，热闹才真正开始。投资也是如此，我不想成为股票交易中第一个参加派对的人。为什么？因为我希望看到有人同样对这些股票感兴趣，最好是一些大型机构投资者。在加入"派对"之前，我想确保派对还会存在！

具体而言，我从未买入过处于下行趋势中目前价格低于 200 日均线的股票（假设存在 200 日交易）。无论基本面多么具有吸引力，我都不会考虑购买长期处于下行趋势中的股票，因为持有长期处于下行趋势中的股票会大大降低你拥有龙头股票的概率。如果你想提高成功概率，那么，你应该关注价格处于上升趋势中的股票。顾名思义，动量股票具有强劲上涨的价格趋势。

Ryan：在我购买的股票中，约有 90% 处于强劲的上升趋势中。我将上升趋势定义为股票的 50 日均线高于 200 日均线，并且两者均在走高。更强的上升趋势可以定义为 20 日均线高于 50 日均线，而 50 日均线高于 200 日均线。我倾向于关注那些 IBD 相对强度大于 80 的处于强劲上升趋势中的股票。

我偶尔会买入价格位于转折点的股票。但是，我只买那些下行趋势已经结束、价格至少横盘走了 3～6 个月并且开始上行的股票。最近的一个例子是 Lululemon Athletica Inc.（LULU）于 2014

年 12 月初开始上涨。在 6 周内，它涨了 40%。在我购买时，该股票的交易价格高于 50 日和 200 日均线。50 日均线处于上升趋势中，200 日均线已经趋平。

Zanger： 上升趋势是我最好的朋友，也是我的最爱，但是我也买过倒置头肩模式的股票，这种情况发生在股票已经完成一系列较低的低点和较低的高点之后。对我来说，上涨的股票是一些持续走高的股票，其价格波峰和波谷均处于上行区间，并且波动伴随着强劲的价格支撑。

Ritchie II： 是的，我一直遵守这个规则。如果一只股票不是处于长期上升趋势中，即它不在 200 日、150 日或 50 日均线之上，那么我将不会考虑买入它。

■　　■　　■

S4-5： 你们是否使用指标（如随机指标、MACD（指数平滑移动平均线）或 ATR（均幅指标））来帮助投资？

Minervini： 我没有用过这些指标。我只用价格、成交量、一些平滑的移动平均线和公司基本面特征，主要是盈利、销售量和利润。关键是使用对你自己有用的东西。如果使用随机指标对你有用，或者根据星相进行投资有帮助，那也很棒啊！让它成为你的技能，并竭尽所能地学习吧。给猫除毛的方法不止一种，投资的方法肯定也不止一种。

Ryan：我会看随机指标和 MACD。它们提供了关于涨跌强度的增量信息，但我主要依靠股票价格、交易量及公司的基本面做判断。我不想让问题复杂化。开始时你可能看很多指标，以至于会感到困惑。要把事情简单化。

Zanger：我更多地使用 AIQ Trading Expert 的 SK-SD。我使用它已经 24 年了，一直非常满意，对我来说它比 MACD 更可靠。我从未使用过 ATR，所以无法发表评论。

Ritchie II：我发现 ATR 在短期期货交易中非常有用，但我只在超短线交易中使用它，因为我想知道市场在过去几个交易日内的正常波动率水平是多少，特别是这个波动率水平是否会快速变化。当我想了解在市场上什么样的噪声是正常的，并希望把我的止损指令设置在那个水平线之外时，我倾向于使用 ATR。我没有使用过 MACD 或随机指标。

■　■　■

S4-6：在你们购买股票时，最重要的技术面分析是什么？

Minervini：股票的价格和交易量行为，以及相对于全市场和同行业其他股票的强弱。但最终，市场的验证才是最重要的。即使基本面强劲，如果价格和交易量不乐观，那么我也不打算买入。

Ryan：股票的价格模式和交易量是我最看重的指标，占交易决定因素的比重最大。价格和交易量之间的关系为我指明了未来价格变化的方向。

Zanger：最重要的指标是整体市场不断走高的波峰和波谷，这对于我想要买入的股票标的同样适用。次重要的是明确的价格支撑和同类别股票的强弱走势。

Ritchie II：我没有使用很多技术"指标"，而主要用价格和成交量，其次是股票的相对强弱评级。

■　■　■

S4-7：你们喜欢在回调还是突破时购买趋势股？

Minervini：大多数时候，我都是当其还处于某个支撑位、股价尚未突破时买入回调股。有时，回调股股价位于前一次突破点位，此时我会买入，少量情况下当价格有突破并达到 50 日均线后，我才买入。但我更希望当股价突破时我已经有筹码了。

只要风险较低，那么无论在突破还是回调时，我都会买入。我试图找到周期的技术面"主题"，然后在该主题中参与市场的趋势。关键是要在每笔交易中做出高质量的决策。无论投资于回调股还是突破股，你肯定都不想冒太大风险。

Ryan：这实际上取决于所处的市场状况。如果市场波动剧烈，那么突破有可能失败，或者没有多大进展。此时，我买入更多的回调股。但是在市场强劲上行的情况下，突破往往会持续下去，如果你等待回调，那么可能会错过一波行情。

Zanger：突破股更理想，往往伴随更大的收益。但是，如果我错过了最初的突破时点，那么我只能在回调时买入。这时 10 日移动平均线进入我的视线，或者，我会进行短线交易，使用 5 分钟或 30 分钟图表。

Ritchie II：我更喜欢突破股，因为最好的股票往往不会回撤太多，所以我宁愿付更多钱买入突破股。这并不意味着我不会在回调时买入。但一般情况下，我只会在股票成功突破、之后有序回撤时再买入，这通常发生在突破几天甚至几周之后。

■　　■　　■

S4-8：你们如何定义股价突破？

Minervini：技术突破是指股价超过预定的价格水平，高于根基或整固期间价格。如果把前一天的最高价作为买入点，那么高于该水平的股价就是一个突破，所以，它实际上取决于你使用的策略以及你所看重的基准线。

Ryan：突破是指股票走出根基或横盘整理。我喜欢至少 4 周或更长时间确立的根基。当股价突破时，交易量应大于平均值，应至少增加 25%。大幅的股价上涨开始时伴有 100%以上的交易量增幅。

Zanger：当一只股票穿过其股票价格中枢，放量上行，且不再回到原有中枢上时。股价上涨两三天，然后整理一周左右，随后再次加速上涨伴随着大额成交量。在突破区域徘徊的股票容易出现突破失败或上行潜力较弱的情况。

Ritchie II："突破"是一个通用术语，指的是价格高于某些东西，可以是趋势线、旧的高点或其他类型的支撑点位。在理想情况下，我希望以上三者都能实现价格突破。无论如何，股票至少突破某种支点。此外，股票也可以有基本的突破，例如，盈利和交易量的突破。

■　　■　　■

S4-9：我参与了许多次假性股票突破，实际上股票只是回归根基并整固了更长时间。等待股价高于买入点 10～20 美分时再介入可以让人有效避免这种错误吗？

Minervini：我通常不会在股价刚刚高于买入点时就急于介入，通常会等待股票位于中枢水平上方 5、10 甚至 20 美分的时候。我唯一一次立刻行动是当行情真的很好并且我在盈利时，我可能稍稍松懈一点，多一点风险收益。否则，我通常会等待，宁愿支付更高的成本价格以确保股价持续上升。但即使那样，股价还是可能会回落。真的没有什么神奇的买入数字可言。

话虽如此，如果购买的股票回撤然后盘整更长时间，那么我通常会保留这个股票，只要它不会让我止损或者更具吸引力的股票尚未出现。记住，你没必要以单一价格一次到位地买入。我通常随着股价上涨逐渐增加仓位，这是交易的一种微妙艺术。

Ryan：不，我会坚持在确认的股票价格突破时就买入。如果最近的突破没有成功，那么我最初只持有较小的仓位，然后如果股票收盘时表现良好，我就开始快速加仓，股价会在第二天继续走高。你没必要在一天内全部买入，而应根据自身持仓和市场的行情来调整头寸。

Zanger：如果市场波动性大并且没有多少股票的的确确有突破，那么我会提高买入标准并且只购买少量股票，因为我可能必须要快速卖出。

Ritchie II：在我看来，没有任何技术分析可以让你避免假性突破，交易突破型股票的主要内在风险就是它们经常突破失败。稍微提高触发区域有时候是好主意，但是我认为要视具体股票而定。

例如，我更倾向于等待一只流动性高的股票切实突破再买入，因为之前的低点或高点往往是更明显的技术点，其他投资者或做市商更容易在该点出货或者买入。

这就是为什么突破型股票交易者总是愿意支付一定范围内更高价格的原因，因为即使买入价格更高，好的交易也不会亏损。如果这些股票真正爆发，那么你依然可以轻松地卖出它们，突破型股票交易者的最终工作，就是使用任何可能的工具和技术来筛选出没有真正爆发的股票。

■　　■　　■

S4-10：你们有没有曾在成交量低的整固或盘整期间建立头寸？还是说你们总是等待着股票突破？

Minervini： 通常我会等待股票突破或者至少刚刚通过价格中枢。我不想看着股价毫无波澜，所以即使在突破之前就进入市场，我也总是要求股票的走势和交易方向一致。如果你要参与一次不错的上行波浪，那么只提前几美分甚至 10 美分买入也不会有太多的优势。那有什么意义呢？

Ryan： 我会等待股票突破横盘整理局面之后再买。如果股票仍在根基水平时就买入，那么实际上存在下跌的风险，所以我认为最好等到股票爆发。如果你提前购买，就不会知道它是否真的会突破上行。一些坏消息或者市场下跌都会让你陷入亏损。

Zanger：90%的情况下我会等待突破。一旦成交量衰减且股价开始盘整，你就不会知道它什么时候受到降级的影响而下跌10～20 美元；或者当它降低了盈利预期时，股票价格可以像苍蝇一样下跌且从不反弹。所以最好一直等到"判断日"，股票突破会明确告诉你坦克中有足够的气体抑或坦克是空的。为什么要用你的钱投资一只前路未卜的股票？要为自己节省大量的猜测，并且购买那些能真正爆发的股票。

Ritchie II：只有在盘整问题解决时我才会增加已有头寸。此外，我希望看到预期的价格行为被证实，所以宁愿在突破盘整期后买入更多股。对我来说上述两种买入点都可以。当股票仍处于整合期时，我经常会买入一点，然后当股票正式触发突破新的相对高点时，我可能会增加更多头寸。

■　　■　　■

S4-11：你们如何评估在较低交易量下价格持续创出新高的股票？

Minervini：该股需求不佳。但我不会因为交易量低就卖出股票。股市有时虽贫血，但也能走得很远。

Ryan：一般而言，你会希望股票上涨时伴随较高交易量但回调时伴随较低交易量，因为机构的买卖是市场中股票价格变动的主要因素，而且机构无法掩盖它们必须买入的规模。最需要关注的是在关键时点上的交易量，例如突破新高、突破了根基水平，甚至跌破先前的低点。

当股票突破根基时，我希望看到交易量比过去 50 日的平均交易量还要大很多倍。我也希望看到这种交易量至少持续 3 天，这表明大型机构和对冲基金也在购买。如果股票只是创下新高、当天交易量很大，那么表明"新高"只是被一群投资者拉升的。

在股票突破之后好几天里，交易量可能回到平均每日交易量甚至更低。这就像火箭发射一样，你需要大量的燃料才能将其发射，但是一旦进入轨道，它不需要那么多的量就能飞得更高。

Zanger：许多最好的股票突破都伴随着巨额交易量，并且在看多方都买入之前其价格上涨可能已经持续了 3～4 个月。在较低交易量基础上创出新高，是股票价格走势的自然组成部分。在这种情况下，大多数股票的中早期买家将会离场。

在派对上迟到的人会买入剩余的小股票，但到了这个时候，股票通常已经运行 3～8 个月，早期的买家已准备好锁定收益，在这个阶段迅速卖出筹码。那些迟到的人会因为早期的机构买家开始卖出而遭受巨大损失。

Ritchie II：我喜欢把价格行为和交易量联系起来看。例如，如果一只股票价格突破伴随着巨额交易量，但只是略微收高，那么这告诉我在新高价格水平上的买家和卖家几乎相同，这意味着突破可能只是暂时的。股票价格在低交易量时创出新高并不坏，毕竟价格才是王道，但是我可能不太倾向于持有无量而价格大幅提升的股票。

■　■　■

S4-12：如果一只股票在前一天的价格范围内开盘并且涨得高出了你们的买入点，但它在收盘时显示交易量只是平均交易量甚至更低，那么这是一个值得警惕的信号吗？

Minervini：不一定。我不会只是因为股票价格在低交易量时爆发就卖出它。有时高交易量会在第二天或几天后出现。此时，我希望看到股票跟进更高的交易量。另一方面，如果突破时伴随低成交量但卖出伴随高交易量，那么我通常会卖出或至少减少我的头寸。

Ryan：我可能会等待收盘，看看交易量到底是多少再做决定。最理想的情况是，我希望看到交易量越高、持续时间越长，效果越好。

Zanger：交易量是股市走势的形成原因，所以，如果它在突破日的交易量比平时还要小，那么我会很谨慎。

Ritchie II：如果股票超出我的买入点并显示很少的价格跟进或很低的交易量，那么没有理由做任何事情，只能静静地看着。此时，价格行为不可知，它不会证实什么也不会否定什么，市场往往是这样的。

■　■　■

S4-13：你们如何评估当天早些时候开始上行，但是目前还没有太多的交易量信息的股票呢？

Minervini：在日内我会推断交易量。如果现在是上午 10:30，原本每天交易 500 000 股的股票现在已经交易了 175 000 股，那么这相当于当天股票交易总量约为 100 万股。在这种情况下，我会买入。然后，我会查看当天的结果，看看交易量是否依然保持强劲，能否为股票上行继续提供动力。

Ryan：如果根基水平很完美，那么我可能会买入一个小头寸，看看收盘时交易量是否有所回升。我希望看到大量交易，这表明共同基金和对冲基金也在买入。如今太多的股票有一天的突破伴随较低交易量，然后回落到根基水平。

Zanger：我有一个得到股票交易量历史比率的工具，如果该比率高于正常水平，我就开始买入。比率越大，我对买入股票的信心越足。到当天收盘时，交易量应该比其近期历史水平高出50%或更多，否则我的交易不太靠谱。eSignal可以为你提供我使用的比率工具，我称它为Zanger交易量比（ZVR），它可用于最新的eSignal程序。

Ritchie II：在盘中时没有确切的方法判断交易量。你可以用一些基本的数学知识来推断估计，例如，如果它在第一个小时内交易了其平日平均交易量的50%，那么可以假设该日的交易量将高于平均水平。但是，你永远不知道交易量的变化率，它在当天的开盘和收盘时始终是最高的。一天的早些时候最重要的事，就是看看股票是否有人热切买入，例如，如果它提前爆发，那么你会希望看到报价被吞并，这表明一些人正利用所有可用的供应。

■　　■　　■

S4-14：你们是否会买入即使突破或位于价格中枢但交易量还不高的股票，希望之后交易量提升？

Minervini：当股票价格在当天早些时候开始上涨时，在盘中你并不知道最终的交易量能否达到最低要求。你可以推断，但即便如此，早上的交易量也可能会很低，在你已经买入后当天可能有所回升。我通常会依靠价格行为买入股票，然后寻找确认交易量。如果进展不顺利，我就卖掉它。

Ryan：再说一次，如果基本面非常好且根基水平恰到好处，我会买一个较小的头寸，当交易量和价格继续上涨时增加仓位。

Zanger：在交易量快速提升时我才买入，而且股票必须在成交量大幅增加的情况下收盘，否则我就离场，就这么简单。我没有办法大量买入或卖出只有很低交易量的股票。

Ritchie II：当然会买，特别是当买入较早时，通常不会有大量的交易量，所以此时我乐见其成，看看未来几天的交易量是否对价格有所支撑。

■　·　■　　■

S4-15：你们为什么会在成交量尚未确认的情况下（因为往往在收盘时才确认）买入股票，而不是等到交易量也高涨时再买入？

Minervini：因为那样的话我可能会错过这一波涨幅。许多股票开始时价格涨势缓慢，在已经上涨之后才加快步伐。

Ryan：Minervini 是对的。可能发生的情况是，当股票价格到达买入点时，交易量还非常小，在当天晚些时候甚至第二天提升，但到那时股价可能已经上涨颇多了。所以我会在尚未确认时买，但只会买入一个较小的头寸，直到交易量跟进时，我的仓位才会增加。

Zanger：当交易量在当天早些时候开始激增并且股票穿过买入区域时，我就买入。到那天结束时，交易量应该得到进一步确认。如果你等到当天快收盘确认交易量时再买入，那么该股可能已经上涨了10美元且远远超过你的买入价格区间。

Ritchie II：我不会等待交易量确认再买入。当然，我喜欢在买入后看它，交易量的确认可能会让我加仓，但我不会一开始就等待。

■　■　■

S4-16：如果在你们买入后交易量没有跟进并支撑股价走高，那么多少天后你们会考虑卖出头寸（即时间止损）？

Minervini：如果它仍处于上升趋势且我获得了不错的利润，那么即使交易量很低，我也可能会继续持有。但我会仔细观察，一旦股价开始反转，我可能会更快地卖出它。

Ryan：如果股票处于盈利状态并且股票尚未显示出我想要的交易量，那么我会将止损点放到盈亏平衡点并给予股票更长的观察时间。

Zanger：走出根基水平后的前两天，股票的交易量和价格行为是最重要的。在此期间后，是否持有将取决于交易量衰减的多少，其次是交易量下降时的价格行为。我没有预设时间止损，因为我只会对两天以后的交易量和价格行为而不是时间做出反应。

Ritchie II：我认为价格为王，所以即使交易量没有跟进股票但价格持续上涨或走高，我仍会坚持投资。

■　　■　　■

S4-17：你们是否有对突破日当日交易量设立规则，例如要大于多少天平均值，或者必须大于某个百分比？

Minervini：我喜欢看到交易量高于自身 50 日均值。有些人设定比 50 日均值多 50%为参考线，交易量越大越好。

Ryan：是的，越大越好。我希望看到交易量至少增加 25%，但交易量增加 100%～200%表明大型机构也在积极购买股票。

Zanger：一个好的经验法则是在当天收盘时查看交易量是否比该股 20 日或 30 日均值增加 50%。我现在使用的方法是对照 20 日均值。

Ritchie II：我没有硬规则，但理想情况下，我希望看到高于平均水平的交易量。

■　　■　　■

S4-18：在突破区域或突破区域下方，你们会将自己能接受的回撤设定为多大？

Minervini：股票价格常常会回到突破区域甚至更低，即使对于最好的股票，也有一半概率会发生这种情况。当然，我希望股票能够持续数天上涨让我立刻获利，最强大的股票通常刚走出突破区域就成为最大的赢家。但是，只要股票在我的初始止损线之上，我通常就会继续持有。一旦股票价格上行，我常常将止损线移至盈亏平衡点。在那之前，我会等待交易证明自己是对还是错。

Ryan：如果股票没有回撤到根基水平并伴随着大额交易量，我就会将止损线设为 5%～8%。我从不喜欢爆发但迅速回落到根基的股票，因为这不是强势股的标志。我希望基于强劲交易量的突破至少能维持连续三天，这是大型机构买入的标志。

Zanger：我会卖出它。在大门打开后，一匹获胜的赛马永远不会回到起跑门。一只伟大的获胜股票也不应该如此。

Ritchie II：回落到突破区域是很正常的，所以只要它们没到达止损线我就不会减仓。股票经常回到突破区域，我认为这是正常的行为。

❖　　❖　　❖

S4-19：你们通常设定多少个交易设置或图表模式？

Minervini：也许是 6 个或 8 个。但大多数只是基本的突破和回调买入点技术分析的排列形式。我主要看 VCP 特性，即在股价整固阶段从左到右波动率的收缩。

Ryan：我基本上把技术分析简化为两个，突破和回撤。不要被各式各样的图表形态弄糊涂。你真的不需要寻找图形呈把手、碟子或"W"形状的股票。你只需要在股票密集交易的顶点绘制一条线，然后在股价通过该线时买入，就是如此简单。在股价达到新高之前，我总是希望看到非常紧张的价格格局。在回调时买入有点复杂，但提供了另一个参与龙头股的机会。

Zanger：8 个左右吧。其中大多使用的是扁平的通道或公牛旗形态，不时有几个杯柄式图形。这对于下行通道也适用，但通常在进入通道之前可能有几次震荡，打破趋势。

Ritchie II：我基于处在相同阶段的股票，即对于离开整固期后出现长期上升趋势的股票，可能有四五种不同的设置。这些设置本身可能是基于股票盘整的时间、不同的中枢或阻力点位、交易量的表现、股票与新高的接近程度等。

第五部分

基　本　面

S5-1：你们先找到基本面处在合适水平的股票，再去看它们的图表形态，还是先看图表形态，再考虑基本面？

Minervini：我会先看图表形态和长期趋势。我不会买入那些走势图不好、股价处于下跌趋势但是基本面看起来却很好的股票。

Ryan：我非常依赖一只股票的图表形态，我通常每周要看成百上千张图表，从而确定一个合适的交易架构。我先看它们的走势图，然后再看它们的基本面怎么样。我会找那些基本面和技术面都向好的股票。当我持有一只基本面和技术面都不错的股票时，我会变得比仅仅持有一只图好看的股票时更有信心。市场上有这么多只股票，为什么不找一只各方面都好的呢？如果我听说一家公司的基本面很好，就会去检验一下，去看它的图表形态是否也表现出了对应的特点。

Zanger：我会先看图表形态，因为看图表曾经让我找到了表现最好的股票。如果一只股票有一个良好的基本面，那么就代表它有很好的利润和收入增长，相对应地，将来有一天，这些基本面利好将使这只股票跑出一个很好看的图。

Ritchie Ⅱ：我会先看图表形态，如果一只股票没有满足一些基本的技术指标的话，那么即使它的基本面再好，我也不会考虑去买它。

■　■　■

S5-2：你们在买一只股票前，通常会花多长时间去研究它？（包括基本面信息、与之相关的新闻报道、图表形态等）

Minervini：如果这是一只我还不熟悉的股票，那么我会花尽可能多的时间去研究它的盈利、近期的新闻报道，以及和它同行业的其他公司的情况。不过大多数股票都是我熟悉而且正在关注的，所以对于这些股票来说，我只需要通过看它们的图表去发现什么时候该买入，并关注它们未来的盈利报道。

Ryan：我会用一个全局的视角去看基本面，而不会过分关注每一篇盈利报告的微小细节，因为那样我可能每过一会儿就要做一个决定。相反，往往当我花很长时间通过研究基本面、听电话会议、研究公司的网站去了解这家公司处于什么位置和它的未来规划时，我会做得更好。

Zanger：实话告诉你，没有花太长时间。我过去常常会做大量的基本面分析工作，但是后来我发现我看好某只股票仅仅是因为自己为它付出了很多时间。然后 20 世纪 90 年代中期的两次大崩盘几乎彻底摧毁了我，从那以后，我就再也不用这种方法了。

现在我主要看股价的表现，让市场告诉我哪些股票该持有，哪些股票该规避，我 80%的研究是这样的，剩下的 20%会看那些市场上涨势最好的股票的盈利。事实上，我也经常发现那些吸引我的、涨势很好的股票确实有很好的盈利和收入支撑它们的上涨。

Ritchie II：这取决于我觉得它们的基本面怎么样。我总是会对公司做一些初步的研究，比如它做什么样的业务，它属于哪个行业，它的盈利和销量怎么样，但是这些研究的范围并不很广。

■　　■　　■

S5-3：你们平常会看哪些新闻资料和研究报告？又是怎样利用新闻信息做交易决策的呢？

Minervini：我试图尽量不受到外界的影响，让我的交易环境尽可能地成为"真空"的，就是说除真实的数据外，不让外部的观点来影响我。所有的买卖决定都是内在产生的。我确实订阅了一些新闻报刊，但是它们不会比盈利、销量、利润率等指标更有用。建议用 Yahoo Finance。

Ryan：*Investor's Business Daily* 是我的首选，因为它上面所有的文章都有助于发现市场上最好的成长股。我也会读上面的社论，因为它们会给出一个保守的观点，这在其他新闻报刊上基本上是看不到的。

我也会读 *Wall Street Journal* 和 *Los Angeles Times*。新闻能给我带来一些额外的信息，我用这些信息去调整自己的头寸，或者清仓。

Zanger：我在自己的智能手机上用 Dow Jones，Yahoo Finance 或者 Ameritrade。我会看评级上升、下降的信息，当天的新闻，最重要的是看我的股票对这些新闻有什么反应。如果有利好消息出来某只股票却没有什么反应，那么可能就要减少对它的持仓了。

Ritchie II：我会看很多网站，但是我的办公室从来不会放财经电视节目，这是一条规定。我会用到一些个股的信息比如说公司的盈利情况、盈利公布的日期，以及其他一些重要的信息。有时我也会从新闻上了解关于投资者情绪的一些信息。

■　　■　　■

S5-4：平均下来你们每天会研究多少只股票？

Minervini：我每天会看数以百计的图，但是如果说到对个股基本面和信息有深入研究的，一天可能没有几只股票。我熟悉我正在关注的大部分股票，所以当出现合适的买入时机时，能迅速抓住。当然，有时可能会突然冒出来一只股票，这时我们就要快速抓住它。

Ryan：这取决于市场。如果有很多新股要上市，那么我会变得非常忙碌，我至少要花一天的时间去了解它们。

Zanger：在每一个交易日我会研究 300～400 只股票的图表形态，如果是财报季，我会研究尽可能多的龙头股及其盈利。这项工作基本上要求我每个工作日工作 14 个小时，周末每天工作 5～7 个小时。

Ritchie II：我每天研究 300～500 只股票的图表形态，然后大概会找少量的股票（5～10 只）看更多的信息，比如它们的公司在干什么，它们的基本面如何。

S5-5：你们是否相信未来推动股价变化的基本面因素和过去很多年前是一样的？

Minervini：当然！这不是我自己的观点，而是事实。20 世纪 30 年代的可口可乐（KO）看起来非常像（比如说）2000 年前后的怪物饮料（MNST）。那个时候可口可乐是一家高速成长的小公司，利润非常高，技术形态也很好，当时极少数人听说过可口可乐。20 世纪 80 年代沃尔玛（WMT）也是一家小公司，每天的交易量不到 5 万股，它的创始人山姆·沃尔顿经常站在商店前的一个小台子上迎接顾客。现在它每天的交易量约为 700 万股，公司每个季度的营业收入超过 1 亿美元。收入的增长带来了利润的增长，利润的增长导致了股价巨大的变化。过去一直是这样的，将来也会一直这样。

Ryan：是的。全都在于盈利的增长，或者对盈利增长的预期。这一点是不会变的，因为每一个人都想买价值正在增长的公司的股票，这是以盈利增长为基础的。

Zanger：盈利决定股价的变化，利率和流动性也能决定，这些永远都是不变的。

Ritchie II：这个问题对我来说有些难，因为在多年前我还没有开始做股票交易。但是我会说短期来看，股价可能不会根据公司的实际情况变化，然而长期来看，如果一只股票价格要大幅上涨，那么基本面因素将是驱使其上涨的最终原因。如果没有持续的盈利和收入的增长，那么一只股票的价格是不可能持续大幅上涨的。

■　　■　　■

S5-6：哪些基本面因素会让你们做出做空的决定？

Minervini：盈利增长的减速可能是股价见顶的预兆。如果一家公司发布的盈利公告，给它的股价造成了强烈的负面影响，我有时就会在接下来的死猫反弹中做空它，我要看技术指标是否展现出股价处在第三阶段的顶部，或者最好是处在第四阶段的下降期。

Ryan：当我做空股票时，我会更看重技术面因素。很多成功的做空案例都说明了在基本面发生变化前很久，技术面就已经见顶了。我甚至见过在盈利发布之前就下跌 50%的股票，如果一只股票在技术面顶部持续了超过 3 个月的时间，那么你将会看到销量和利润增长的下降。

Zanger：我并不经常做空，但是我认为盈利增速下降是做空的关键指标之一。我也有一些成功的做空案例，其中有一次大额交易是 2004 年做空了 16 万股 eBay 股票。2004 年 1 月时，在集合竞价时每股是 105 美元，它业绩不佳，盈利下降，然后在盈利未达预期后股价一眨眼间跳空跌至 20 美元，并在接下来的几周里持续走低。

在这之前盈利已经开始下跌了，然后股价从 120 美元左右的高点开始下跌，大概在 105 美元的地方下穿了 100 日均线，然后试图反弹，但是没有多少成交量。在短暂的反弹后，股价在接下来的财报发布前的几天里继续急剧下降，我印象中没有其他像 eBay 这么大盘的股票这么快崩盘的案例了，这是我做空获得过的最大收益，也是我在单只股票上获得的单日最高收益。

我根据盈利公告买卖股票的次数屈指可数，而且这仅有的几次都是做空，我非常幸运。从我开始这样做已经过去 10 多年了。

Ritchie II：在做空时，我看基本面指标少一些，看技术指标多一些。但是无论用哪一种方式，我都很少做空。尽管对于一只股票米说，当它的盈利增长出现转折点时是一个好的做空时机，但是我不会只看这一条标准，技术面的特征一定也要支持才行。

■　　■　　■

S5-7：你们会怎样寻找盈利的趋势？

Minervini：我会关注盈利的几个方面，会看最近 4 个季度的盈利同比增速。另外，如果一家公司的盈利突然出现爆发式的增长，突破了它最近几年的区间，那么这也是一个积极的信号。我还会看盈利是否比销量涨得快，这也值得关注。

Ryan：我会看季度盈利。我会看最近 2～3 个季度的同比增速是否在上升，我想找到的是盈利确实有巨大增长的公司。现在有一个好的案例是 Ambarella,Inc.（AMBA）。它最近 4 个季度的盈利同比增速从 19% 升到 42%，再到 84%，然后在最近的一个季度达到 162%。在此期间它的销量也在增长。这种趋势正是我要寻找的。

Zanger：季度的同比变化是我所关注的，绝大多数趋势交易者也都是这样的。每个季度的盈利不管是环比还是同比都应该有增长。当然，30%～40%，或者更高的增长是大部分趋势交易者在寻找的，增长率越高，你就越有可能钓到大鱼。

Ritchie II：我没有程序化的方法，但是我会找那些有爆炸性增长的公司，因为这意味着这家公司正在发生一些重大的利好，并将导致它的股价大幅上升。

■　■　■

S5-8：你们对销量的增长有要求吗？

Minervini：如果销量和盈利都在增长，那就再好不过了。但就像我之前说过的那样，生活并不总是完美的，所以你不一定总能发现这种公司。但需要注意的是，如果一家公司的盈利看起来非常漂亮，销量却在萎缩，那么可能这家公司坚持不了很久了。要保持盈利的增长，销量就一定要跟上。你可能听过一个术语叫"生产力提高"，但是这只有长期才可能实现，所以公司最终还是要靠销量的增长。

Ryan：在大多数情况下，销量和盈利都是同时增长的。一家公司不可能保持盈利一直增长而销量没有同时增长。就像Mark 说的那样，降低成本和提高生产力都是要很长的时间才能实现的。

Zanger：对我来说，盈利的增长比销量的增长要好。但是盈利和销量同时增长驱动股价上涨，这几乎是一个定理。如果你只知道某家公司的销量在增长，那么也很难计算出它的价值，就像AMZN 或者 CRM，我经常把这类股票留给其他人。我永远记得在互联网泡沫时期绝大多数陷入困境的股票，它们的销量增长很好，但是几乎完全没有利润，P/E 达到了 1000 倍。当然，我现在看起来像是事后诸葛亮——因为这些公司大都已经不存在了。

Ritchie II：我对销量的增长没有要求，但是公司有好的销量当然是好事。

■　　■　　■

S5-9：*在分析中，你们会用到净利润率或者 ROE（Return On Equity，净资产收益率）吗？*

Minervini：是的，我会关注净利润率的增长。虽然有时净利润率的提高可能是因为净利润的增加和销量的萎缩，但是就像我之前说到的，除非经过很长的时间，否则你只能靠销量的提高来增加净利润。ROE 是用来在同行业间进行对比的，好的股票都会有 15%～17%甚至更高的 ROE。

Ryan：这两者都是非常重要的指标，也是我会关注的指标，因为通过它们，我可以更深入地了解一家公司的盈利情况。

Zanger：有时我会用净利润率，但是从来不会用 ROE。总之我用得不多，因为市场会告诉我一切，我自己也是通过分析每只股票的价格和交易量等信息取得成功的。

Ritchie II：我从来不会看 ROE，我确实会看利润率，它的上升是个利好，不过它也只是我的辅助性指标。它很好，不过对一家公司来说，不管生产什么，最后都要靠卖出更多产品来驱动盈利和股价的增长。

■　　　■　　　■

S5-10：具有趋势性特点的股票看起来都是高增长、高 P/E 的股票，你们是否碰到过低 P/E 的？

Minervini：我几乎不怎么关注 P/E。事实上，我宁愿投高 P/E 的股票，也不愿意投 P/E 非常低的股票，高 P/E 至少说明股票有一些闪光点，是有需求的。如果一只股票的 P/E 处在极低的水平，那么这可能表明它有些方面真的很差。当然对于高 P/E 的股票来说，容错的空间会很小，所以当情况变化时，迅速脱身是非常重要的。

Ryan：我很少碰到。这些低 P/E 的股票都是低速增长的公司，然后突然一下，盈利增速大幅提高，市场才开始关注到它。

Zanger：我也很少碰到。在我 25 年的交易生涯里，我确实碰到过一些。比如苹果（AAPL），它涨了 400%，但是 P/E 从来没有超过 20 倍。也存在一些股票，比如说在某一个行业里（比如半导体股票）在 20 世纪 90 年代都是低 P/E 的，然后开始从 10～20 倍的 P/E 上升到了 40～60 倍甚至更高。我们再来看互联网泡沫时（20 世纪 90 年代末期）的狂热，那些股票的 P/E 当时甚至更高，因为当时大家对上网的需求非常高涨，最后这些互联网公司引发了一场金融海啸，行业里的股票价格达到了历史最高点，P/E 超过 100 倍，比那些半导体股票高多了。但是总的来说，低 P/E 的股票（8～20 倍）一直维持在比较低的水平，增长也比较慢。

Ritchie II：我从来不看 P/E，所以给不出确定性的答案。

■　　■　　■

S5-11：还有一个更重要的问题，当做交易时，你们会考虑当季的盈利增长吗？还是会看长期增长率？或者两者都不考虑？

Minervini：只有当我要将当前盈利增速和过去做对比时，才会看长期增长率。就未来而言，没有人知道一家公司的长期增长率会变成什么样，即使是 CEO，看过去的增长也只是像看后视镜。

我会专注于当季的盈利增长，绝大多数好的股票都是当季增速比过去的增速要快。

Ryan：最完美的情况是两者都很好。但是我会更看重当季盈利的增长，因为它表明一只股票的价格可能要涨了。

Zanger：我投资成功的大部分股票都是当季和过去三四个季度盈利增长都很好的股票。

Ritchie II：我两者都不会考虑。我会看最近三四个季度的盈利增长，然后去看今年行情是不是要来了。所以如果一只股票过去几个季度的情况比较好的话，比如说，今年比过去四五年增长都好，那么在这种节奏上，这将会是一个非常好的机会。

第六部分

市　场

S6-1：你们的交易方法可以用于指数投资吗？还是只用于个股投资？

Minervini：我一般投资个股，因为相对于指数投资，个股能给我带来杠杆，如果纳斯达克涨 10%，那么在同样的时间内龙头股可能涨 50%～100%。

Ryan：你可以把这些方法运用到指数和 ETF 投资上，不过我主要用于个股投资。

Zanger：技术形态和交易量数据适用于所有的投资，不管是股票、大宗商品，还是指数、外汇。

第六部分 市 场

Ritchie II：你当然可以运用相同的原理。但是相较个股，指数的定价更有效，也有更多的噪声，所以更容易出现锯齿，异常的波动性可能会忽悠你一把。有时，当我感到非常乐观、感到自己的仓位过低时，我会持有一些指数仓位，但这么做的前提是我觉得目前处在一个非常低的风险水平下，我有能力控制仓位并快速止损。不过，通常来说我还是喜欢交易个股，因为如果市场真的非常好的话，那么一只好的股票能带来远远超越指数的收益。

■　■　■

S6-2：你们是否会根据目前市场所处的水平择时？你们是否会跟踪一些市场指标？

Minervini：不见得。我有一个整体市场的风险模型，它能很好地帮助我找到最近的市场转折点，但是我主要的关注点还是在个股上，如果没有值得交易的个股，那么不管指标或者模型多好都没用。

Ryan：我会参考一些不同的指标来择时，但是要小心，不要看了这些指标就感到过于乐观或者过于悲观，以至于给你的个股交易带来不利的影响。你可能会从市场指标那里得出一个卖出信号，但是如果你的股票正拿得非常好，那么你不应该卖掉它们。你应该听过这句谚语："不要把婴儿连同洗澡水一起倒掉。"你要观察市场，但不能市场指标一显示出下跌趋势，你就卖掉所有的股票。

Zanger：除了技术形态和龙头股，没有其他有价值的指标了。技术形态和价格走势是我的全部指标。

Ritchie II：我会看一些市场指标，比如说总的 A/D 线、新高和新低、市场总的交易量、市场情绪，等等。但是我不会用它们中的任何一个作为择时的依据，它们最多只是辅助性指标。我从来不会做多整个市场，有时我会做空，但也不是因为某个指标。我的持仓和我关注的所有股票构成了我的主要指标。有时这个指标和市场的相关性很高，有时则并非如此。

■　■　■

S6-3：*当市场发出一个卖出信号时，你们怎样决定该卖出哪一只股票？*

Minervini：我让我的股票告诉我应该卖哪一只。当我这样做时无非是出于两个原因：止损，或者我觉得在这只股票上已经赚得差不多了。不管是哪种原因，我都会卖掉它，然后当回撤出现的时候我就相当于锁定了大部分的收益。当我卖出后，我就等待这种情况发生。

股票交易是一件关于预测将要发生的变化然后去等待证实或证伪的事情。对于我的多头头寸，即使我非常看空市场，我也会让我的股票告诉我什么时候该卖，我通常不会根据自己对市场的"看法"去卖。我做的仅仅是加强止损，根据价格的变化一个一个地卖出我的头寸。我经常会长期持有几只股票，经历一轮市场的回撤也没有卖出。

Ryan：我会先卖掉出现亏损的股票。如果在我买了之后它们的表现就不好，那么大概率在市场变坏的情况下它们的表现也不会好。如果整个市场将要开始反转，我就会把自己的股票按从最差到最好的顺序排列，把它们卖掉或者降低仓位。我会尽可能久地持有好的股票，因为在市场下行时它们最抗跌，然后在下一轮趋势来的时候它们会涨得更高。

Zanger：当我获得一个新的卖出信号时，就会立刻清仓。当房子下陷时，我得撬开墙保住厨房。为什么要等一只股票跌到更低再卖掉它呢？现在就卖掉它，赶在它和市场一起跳水前。

Ritchie II：我不会看市场的买入或者卖出信号，如果一只股票进入了我的卖出范围，我就卖掉它。

■　　■　　■

S6-4：当市场恶化时，对有微小浮盈的股票你们是否会止盈？是否触及盈亏平衡点就会止损？还是仍然遵循原先的止损规则？

Minervini：如果市场真的恶化了，那么对于有微小浮盈的股票，我通常会把止损的位置改成盈亏平衡点；对于涨了很多的股票，我也会相应地提高止损点，我会让我的股票度过第一次"自然反应"（市场回调），我可能仅仅卖掉那些陷入困境的或者涨过头的股票。总之，这是一个抉择的问题和权衡的艺术，这也是说"交易是一门艺术"的原因。

Ryan：如果我感到市场处在一个下行的趋势中，那么对于有微小浮盈的股票，我会止盈以降低我的仓位。首先要卖的是浮亏的，然后是有微小浮盈的，最后是那些表现最好的股票。

Zanger：当市场情况有些恶化时，我更倾向于减少60%～80%的仓位，然后去看市场中发生了什么。如果接下来市场恢复并企稳，我就会挑选一些最好的股票，把它们买回来。

Ritchie II：这取决于我认为市场处在什么位置和我的交易进行得怎么样。如果后边的市场还会很困难，那么我会收紧所有的交易，减仓或者逃跑。

■　■　■

S6-5：如果从技术形态看当前处在一个上涨趋势中但是市场却在下行，那么你们会进场吗？

Minervini：如果有迹象表明市场在下行或者当前在熊市，那么我基本上会在场外观望，至少，比正常时候交易得要少。按照我的标准，当迹象表明主要的均线在聚集，股票朝着积极的方向发展时，我会进行一点"试验性的买入"。然而，我通常不会买太多，直到第二浪到来并且我的"试验性的买入"有了一些收益。大多数时候，我希望同时能看到均线也释放一些好的信息，不过最重要的是我的试验性投资有了好的效果，这能给我带来积极的信号。如果上述这些条件都符合，我就会开足马力，快速增大风险敞口。

Ryan： 如果一只股票具备了我看中的所有特点，那么即使在一个下行的市场，我也会买它。有时候，即使在熊市里最差的阶段，也有公司在强劲地增长，股价顶住了市场下行的趋势。但是只有极少数的股票能有这样的表现，所以要精心选择。

U.S. Surgical 是一个持续创出新高的例子，这发生在 1990 年 7 月到 1990 年 10 月，当时市场出现了反转，U.S. Surgical 却创出了一系列的新高，在这段时间内股价从 24 美元涨到 34 美元。然后当市场企稳时，该股股价从 35 美元左右暴涨到 130 美元。

Zanger： 整体市场的趋势就像是指南针给我指出方向，所以在绝大多数情况下当市场下行时，我不会进场。然而如果市场仅下调了 2%～3%，那么我会在这种程度的回调中买入龙头股。

只有在极少数的情况下你可以和市场对立，黄金是其中的一个特例，经常是市场跌、黄金涨，还有熊市 ETF 股票（bear ETF stock），也是在市场跌时涨。而成长股和趋势股通常是和市场走势一致的。

Ritchie II：单单是市场下行还不足以让我退出交易。但是如果在市场下行时只有一只股票表现好，那么我不会买它，我想看到有很多抗跌的股票，这样的情况才会吸引我去投资。

■　■　■

S6-6：你们怎样判断市场是在聚集还是在派发？你们怎样用其来指导交易？

Minervini：如果市场都在抛售，交易量也在增加，那么市场就是派发力量占优，反之，就是聚集力量占优。我会观察自己的股票以确认是哪一种情况。

Ryan：我会观察主要指数的价格和交易量，这将决定我要投资的仓位。如果市场开始出现一些大跌而且交易量在上升，我可能就会减仓。

Zanger：我使用自己在 2000 年写的一个音频程序，它给我提供一个"声音的画面"，关于交易是怎么聚集的，它们的频率是多少。该程序叫 IQXP.com，而这个声音系统是这个程序的一小部分。这个程序是我写的，由 IQXP 的所有者安装。

我往里面放了 12 只股票然后一天到晚都在聆听市场的声音。如果出价碰上了，它就会发出一个碎椰子的声音，如果要价碰上了，它就会发出一个敲锤子的声音。如果在几天或几周内我听到的都是碎椰子声，那么我就知道派发正在出现，而如果我整天听到的都是敲锤子声，那就是在聚集了。

Ritchie II：我只会看 NYSE 和纳斯达克综合指数，看它们最近的涨跌和成交量。当我准备做多时要确保市场不在抛售，否则就意味着我是在逆风前进。

■　■　■

S6-7：哪些市场因素会让你们的投资更激进？你们怎么知道何时该加大油门呢？

Minervini：当我的股票盈利时。这是我的主要标准。如果有股票值得投资，我就买一些，然后如果它们表现好，我就变得更激进，如果它们表现不好，我就降低敞口和仓位。这是一个非常简单但非常有效的方法。当在你的股票表现好时增加投资，表现不好时减少投资，你就可以确保在行情最好的时候保持高仓位，而在最差的时候保持低仓位。这是你赚大钱的方法，而且可以避免大的损失。

Ryan：如果我看到很多股票打破新高，那么大概率这将推动市场向上，这将让我有信心增加投资。

Zanger：技术形态变好是我变得更激进的主要因素，就像分析盈利和美联储的政策一样。当你具备这些技能后，你就知道何时该加大油门了。通常在美联储宽松政策后的开始几年里和萧条过后企业盈利开始增长时，股票表现得最好。

Ritchie Ⅱ：唯一能让我增加敞口的因素就是我的交易怎么样。不管有多少指标、指标看起来多么好，甚至有多少只股票看起来多么好，都不重要。如果我没有赚钱，我就不会变得更激进。

■　　■　　■

S6-8：如果在 IBD（Investor's Business Daily）的确认日（Follow-Through Day，FTD）到来前，技术形态显示你的龙头股突破了上轨，那么你们会买它吗？如果会，那么你们会全仓买还是会保守一些？

Minervini：在熊市之后，或者经历了大幅度的调整之后，确认日是极其重要的。因为这时市场触底并开始重新向上，你希望看到交易量大增。然而，我更侧重于关注个股而不是指数、指标或者新闻条目。即使主要的指数见底了，也并不意味着个股价格马上就要上涨了，而且有时候在市场见底前个股价格就开始上涨了。所以答案是"会"，我会在确认日到来前买个股。

第六部分 市　　场

我是这样看的：如果市场看起来很好，但是没有个股满足我的标准，那么无论如何我也是不会买的，所以最后还是要由个股决定。我相信对大多数交易员来说，如果他们能忘掉"市场"或者主要的指数而只去关注个股本身，那么他们会做得更好。其实我总是能很好地发现市场的转折点，然而具有讽刺意味的是，我并不喜欢这样做。当你不去理会"市场"而去专心经营你的个股时，你就会惊喜地发现效果有多么好。

Ryan： 如果市场还没开始进入上升趋势，那么我可能只会尝试5%的仓位，当确认日到来后，我会迅速加仓。但你也需要知道，有很多龙头股在市场开始反转前就爆发了。

Zanger： 在确认日前买一只股票取决于这只股票自身的价值，以及其他一些因素，比如盈利什么时候公告、盈利情况怎么样、当时的流动性怎么样、市场上其他股票表现怎么样。我会回答"我会买"，我会在确认日之前买一只龙头股，如果它的交易量很大且盈利状况很好的话。

然而，我大概率不会全仓买入，大概只会买50%，然后等其他的龙头股带来更多的确认信息或者等确认日到来之后再加仓。我们也不要忘记，有很多确认日失败了，确认日没有想象中的那么好。

Ritchie II： 如果我处在空仓或者低仓状态，就总是会谨慎地尝试。我会在市场确认信号到来前买，但是会比正常水平买少一些，当我发现我买的股票表现良好后，就会快速提高敞口和风险容忍度。

第七部分

买 入 标 准

S7-1：一只股票的哪些特征会吸引到你们，让你们考虑去买？

Minervini：从基本面角度来看，就是关注那些盈利大幅增长的、增速提高的，我会看季度的盈利增速，看这是不是它"要爆发的一年"。我也会看交易量有没有增长。从技术面来说，该股现在的点位要比较合理，现在买入的风险要比较低。

Ryan：我会选择过去表现好的股票。对于很多股票，一般我不会在第一波上涨的时候买，而是在第二波或者第三波上涨的时候买。我也会关注好的行业或者板块中那些价格波动小而且没有什么交易量的股票，一旦它们的基本面变好，我就会考虑去买。

Zanger：首先挑选一个好的行业或者板块里的好股票，如果它们的盈利和销量增长非常好的话，就会吸引我的注意力，如果技术面也很好的话，我就会在它们突破价格区间时买入。

Ritchie II：该股在信息收集阶段，盈利和销量都要很好，技术面上交易量信息也要说明它处在一个长期的上涨趋势中。

■　　■　　■

S7-2：当你们要买入时，你们会立刻全仓买入还是分批买入？当该股表现不好时，你们会立刻清仓还是分批卖出？

Minervini：有时我会先买入一点试一下，如果效果好的话就再加一点，一旦找对节奏就全仓买入。当节奏对的时候我就像桌球运动员，不断连击得分。但是大多数时候我都是一点一点加仓的，慢慢找感觉。在加仓前，我可能也会看当天收盘前股价是否强势。

Ryan：我总是逐步加仓或减仓。当我准备买入时，我可能先买入 5%，然后在该交易日的最后一小时里加到 10%。而如果在接近收盘时股价并不给力，那么我可能要等到下一个交易日看看情况怎么样，如果情况好的话就迅速加到 10%。当我卖出时，通常逐步减仓，除非所有支撑股价的因素都不存在了，我才会立刻清仓。

Zanger：如果一只股票有很好的盈利，而且在几小时内迅速高开，那么我会买入一点，但是股价不能高过买入点 5%。然后在之后的盈利电话会议后，我可能会把持仓的比例增加一倍，看效果怎么样。如果接下来一周都比较好甚至还走出一个牛市旗形，那么我会继续追加投资。

逐步加仓是拥有大规模资金的交易员的典型特点，因为这关系到流动性。当一只股票突破上轨、交易量也很大时，我可能只会买我想买的量的 40%。如果价格和交易量持续向好的话，那么我可能再增加 20%。我通常会等到下一交易日或者再之后的一天再增加投资，但是如果我买入之后，当天股价没有涨，那么我可能就不会加仓了，直到它重新开始涨，再走出新高，我才考虑继续买入。

但是如果股价停滞不前的话，我就会减仓，一般也会一步一步去减。当然有时我会一下全卖掉，比如在发现该公司要被大力整顿时或者看不到未来时。

Ritchie II：我通常会逐步加仓，这主要取决于我的股票表现怎么样和技术面怎么样。如果我觉得现在买可能太早的话，就会先买一点，然后再视情况去决定是否加仓。只有当已有的投资表现得非常好、我也感到非常满意时，我才会全仓买入。提到卖出，如果头寸比较大，我也会慢慢卖，但如果我处在一个要必须严格止损的情境下，那么我会马上清仓跑掉。

■　■　■

S7-3：当一只股票突破上轨后，你们会在当天就出一个更高的价格买入它吗？还是看看当天的收盘价再说？

Minervini：我当天就会买。一旦股价到了枢纽点，我就会买。一般我的真实成本要比这个价格高一点点，高 20～30 美分吧。

Ryan：我会设定一个目标价格，我的出价会比这个价格高 1 美分，当股票涨到这个价格时，我会在当天先买入一小部分，然后在快收盘的时候看价格的变化。如果价格显著高于当天所有价格的中位数而且交易量也很大，我就会在当天全仓买入；如果价格接近当天的最高价但是交易量不大的话，我当天就只买入仓位的 5%～10%。

Zanger：要是等到收盘，可能股价就不知道涨到多高了。我的出价通常比突破点或枢纽点高 10～20 美分，我会先买入一点，然后观察股价走势。如果交易量在增加，大盘也在向上走，我就加仓。

你要非常当心，看清在你买入的时候是不是该股位于整个市场行情的末期，如果是这样的，就要少买入一点，免得市场回撤时给你的股票带来影响。最好的情况是在整体市场趋势向好的时候买入一只趋势好的股票。有时候我可能要在场外观望 2～6 个月都不做任何交易，就为等待一波大行情。

　　交易员最常犯的错误就是认为自己每天都必须做几笔交易。有经验的交易员或许可以这样做，每天买几千股。但是这样并不能赚大钱，至少这不适合我。另外当你交易的金额很大时，就得挑选一只每天有几百万股交易量的大盘股，而且在之后的 1~3 个月里也要保持这么大的日交易量规模。

　　Ritchie II：我几乎从来不会等到收盘时再去买入，虽然收盘价或许能高于突破时的价格。我通常会设置一个目标价格，在买入之前我会观察股价的变化。我不会在别人都抛售的时候去买入，因为这意味着市场对它还没有足够的信心。

■　　■　　■

　　S7-4：你们是如何从开始的空仓状态完成建仓的？

　　Minervini：这取决于每只股票的情况。一旦一只股票到了合适的买入时机，我就买入，然后如果下一只股票也可以买入了，我就再买入，这样一只一只地买入，直到满仓。我不会刻意等待我个人情感上最喜欢的股票，因为有时候可能会为了等这样一只股票而错失了市场上其他真正好的股票。我要让自己尽量保持中立，只通过图表形态和我的研究去做决策，买入那些符合我的标准的股票。长期来看你的个人观点往往会让你得不偿失。

　　Ryan：这取决于有多少股票可以买入以及市场本身的情况如

何。如果市场开始变好然而我发现没有几只股票可以买入，我可能就会买入一些 SPY（标普 500ETF）或者 QQQ（纳斯纳克 100ETF）股票，然后等我找到值得买入的股票时再把它们卖掉。

Zanger：买入那些流动性好的高 beta 的股票能很快完成建仓。其实在市场出现回调时你有足够的时间慢慢建仓，如果两三天内就达到 80%的仓位可能会很危险，我基本上只在市场有大行情来的时候才这样做，但是历史上也就只有那么几次。

Ritchie Ⅱ：这是我需要学习的技能，是我最需要进步的地方。在我看来，当你准备开始建仓时，你面临的风险和机遇都是最大的，而你只能根据市场情况做出正确的选择。

比如一开始我先买入两只股票，如果很快取得了好的效果，我就会变得更激进一些，加一些仓位，而如果效果不怎么样的话，我就会谨慎一些。根据实际情况调整仓位会比你自己随意判断要好得多，我的经验是最开始投资的几只股票表现越好，最后的情况就越好。

■　　■　　■

S7-5：面对众多股票时你们会怎样做出选择？比如说一共有 15 只股票，其中四五只同时突破上轨，这时你们会怎么做？

Minervini：在我 30 多年的交易生涯里，还从来没有遇到过四五只股票同时突破的情况。总之你可以提前设置好突破点，用限价买单或者限价卖单去交易。

Ryan：我对所有潜在的买入标的都设置了买入价位。如果它们同时突破，我就会根据它们的盈利和过去价格走势表现排序，然后依次去买入。

Zanger：我现在都用市价单而不是限价单了，而且直接报给我的股票经纪人。过去我曾经用过很多股票经纪人和交易平台，我用过算法交易平台，比如通过 GS 平台用了 Sonar，通过 BTIG 经纪公司用了 RediPlus 和 Baytrade 平台。最后我还是选择了人工交易，因为这样能更好地帮助我感受股价走势变化。以前用的交易系统已经被我下架了，现在我和我的股票经纪人可以足够快地对市场做出反应，完成交易。

Ritchie II：我会设置一些我认为重要的价位，当备选股票触碰到这一价位时，我会考虑买入。有时碰到当天我就会买入，还有一些时候碰到之后我还要根据我的整个持仓的表现决定要不要买入。

如果一只股票在我看来是必须买的，我就一定会买入。如果多只股票同时突破上轨然而鉴于我的风险容忍度有限或者资金有限，我会把它们按一定的标准排序，买入其中一只或几只最好的。

为了优化我的整体持仓，有时我会卖出一只表现不好的股票或者降低它的仓位，用一只更好的股票替换它。但是这一切都取决于股票自身的表现，我的经验是上样这样的，这样做不会让我出现大的亏损。

■　■　■

S7-6：你们怎么定义买入点？

Minervini：我会寻找 Livermore 所说的最小阻力线。这条线的意思是股价在一定区间内波动，然后到达某一点时股票的供给就不再增加了。当股票供给有限而需求量很大时，股价就要大涨了。

Ryan：我有两个买入点，一个是当股价接近它自己的最高价时，另一个是当股价出现回调时。对第一个买入点来说，我不要求股价一定创出新高，但是要突破它最近的区间，至少要达到历史价格区间的 90%分位。而对于第二个买入点，我会在回调后的反弹中买入，但是这种回调不能超过 15%。这时我也会用一些技术分析的指标比如移动均线、趋势线和动量指标来帮助我做判断。

Zanger：最好的买入点是股价打破新高，同时伴随有巨大的交易量时。但是如果市场处在超卖状态或者调整中，就需要关注反转线、下降通道或者楔形了。

Ritchie II：如果你观察我的交易，就会发现绝大多数交易发生在趋势来的时候，买入点大概在最近 52 周最高价的前 5%分位，少数交易可能发生在短期的调整过后。

■　　■　　■

S7-7：你们是否买入过最近曾给自己带来亏损的股票？你是如何决定重新买入的？

Minervini：是的，我经常会重新买入，但是只有在我认为这只股票又一次处在低风险买入点时，才会这样做。我不会仅仅因为一只股票曾经造成亏损被卖掉过就永远不去理会它。我们需要不同的交易架构和技术分析方法。这就像盖房子，你不能仅仅靠一个锤子，而是需要一个工具箱，里面有各种各样的工具。我把重置买入点的方法分为两大类：重置枢纽点和重置区间（pivot-failure resets and base-failure resets），在枢纽点出现的问题可以很快得到解决，可能只需要几天，解决区间的问题则要花更长的时间，需要几个星期或者几个月，具体时长取决于问题的严重程度。

Ryan：我曾经在一只股票上失败了两次，不过第三次就获得了巨大的成功。我重新买入的条件是当技术形态再次发出买入信号时。当第一次出现突破信号时，我会买入，然后突破失败了，股价回到了原来的区间，当股价再次准备突破时，我就再次买入。

Zanger：是的，我这样买入过好几次。当一只股票重置了区间后我会再次考虑，这可能要花几个星期到一个月甚至更长的时间。但是我不会在几天之后就重新买，因为第一次失败说明该股的突破是有问题的，不太可能在几天之内就把问题解决掉。

Ritchie Ⅱ：绝对会的。总的来说我认为资深交易员和新手之间的一个主要区别就是当交易没有成功时他们对市场的看法。比如说资深交易员在一只股票上接连失败好几次之后还会鼓起勇气再买入，而新手交易员就只会买入一次，如果失败了，他们就会放弃，他们认为市场或者这只股票有"暗箱操作"。我的风格是有时我可能会过于谨慎，过早地止损，但是只要这只股票没有变得特别糟糕，我都会继续保持关注，寻找再次买入的机会。

■　■　■

S7-8：如果你们先卖出了一只股票，可在同一天股价又触碰到了买入点，这时你们会怎么处理？

Minervini：我可能会在当天再买回来。这取决于这笔交易值不值得做，也取决于当天股价的走势。

Ryan：我会先检查一下我的卖出点和买入点是不是太接近了。如果这发生在一天之内，就说明这只股票的波动性太大了，我不太能接受这样的股票，波动性这么大的股票能吸引很多的眼球，但是最好还是留给别人吧。只有当这只股票真的满足我的买入条件时，我才会再买入它。

Zanger： 这种现象最近并不常见，前些年有过，多在互联网泡沫时期。那时我曾买过一些股票，然后严格按照止损规则卖掉，结果一会儿又创出当天的新高，我又买回来。

但是你要对这种交易非常谨慎，不然可能会损失惨重。在互联网泡沫时期，一旦你判断对了，第二天股价就可能跳空高开上涨 12～25 美元，接下来的几天再暴涨 50 美元。

Ritchie II： 我几乎不会在当天重新买入。我一般会重新研究这只股票，等待一两天。有时我可能会在同一天对一只股票进行加仓或减仓，但是如果我完全清掉它的话，那么我至少要到第二天才可能重新买入。

■　　■　　■

S7-9： 你们认为交易员应该在趋势股回调到移动均线时买入吗？

Minervini： 我有时会在回调到 20 日或者 50 日均线的时候买。但是我基本上是在股价突破巩固区间后第一次或者第二次回调触碰均线时买，而且我只会在股价回调后的上涨阶段买，而不会在下跌阶段买，我必须看到股价朝着好的方向移动。你要记住，如果仅仅是在回调到均线时买股票就可以赚钱的话，那么每个人都可以成为优秀的股票交易员了。以上所说的是一个基本的交易方法，有时是可以赚到钱的，尤其当用于牛市开始阶段的龙头股时。

Ryan：你可以在回调时买入，但是不一定非得在回调到均线时买入。我会用 MACD 或随机指数等指标和量价信息去分析股价什么时候结束回调迎来反弹，不过在回调时买入比在突破时买的情况要稍微复杂一些。

Zanger：股价回调到 10 日或者 21 日均线时是一个非常好的买入时机，很多趋势股都是回调到这些均线后开始反弹的。50 日和 150 日均线也很好，但是我认为在这种情况下 10 日和 21 日均线是最好的指标。

Ritchie II：只要你对股价走势有自己的理解，当然可以买入。比如说我不会盲目地在均线或者均线附近设置一个限价单，一触发就买入，而是会看股价回调到均线后的变化，出现反弹我再买入。

如果你盲目地去买入，那么如果这条均线并不是支撑线，你就会损失惨重，而等出现反弹后再买入就可以避免这种情况发生了。虽然你可能会因此错过一点收益，但是这样做会让你成功的概率提高。

■　　■　　■

S7-10：对表现好的股票，你们会如何加仓呢？

Minervini：我只会在合适的时机配置合适的仓位。比如我开始时会先买入一点点，然后在下一个低风险买入点到来时再加一点仓位。我经常在开盘后不久先开仓，如果股价在收盘前最后的15～30分钟表现强劲，就再加仓。

Ryan：这取决于初始投资的表现。如果接下来交易量在增加，那么大概率我会加仓，而如果股价不涨了交易量也开始下降，我就不会加仓了。我只会对已经获得收益的股票加仓。

一年之中，能找到一两只好的股票就足以取得非常出色的业绩了，但是你要买在对的时候。比如一只股票已经涨了一波了，这时要有新的突破区间你才能加仓。你可以在一波长期的上涨行情中把它加到你整个组合仓位的 20%～25%，但只有在上涨趋势中才能这样做，接下来的加仓也要建立在之后的突破基础之上才行。

Zanger：对表现好的股票加仓是一件不断买高、提高平均成本的事情，而在该公司被降级或者在二次发售这种利空消息被公布后，股价可能会快速下跌，这时你的处境将会非常尴尬。所以我只在股价触碰枢纽点或者在枢纽点上方一点点的位置时才买入，如果接下来市场持续向好，交易量也在上升，我就加仓；反之，如果市场表现不好，交易量下降，就卖掉它。华尔街总是喜欢这样的股票，这也是我会重仓买入的股票，在它突破时买入，然后在接下来的几天里加仓。

Ritchie Ⅱ：我认为只有当你有了成功的经历后，才会明白这样加仓的精髓。很多人只想着过去，当他们低价买入一只股票后，他们会认为现在花更高的价格买入是错误的，他们会想"如果当时多买一点该多好啊"。

就我自己的交易而言，如果我只在价格回到当时的买入价时买入的话，就会错过很多本来可以成功的交易。你要在自己的脑海里建立这种思维，实践几次就会发现它的效果。在这种思维下其实你的风险是比较低的，而收益是比较高的。

■　■　■

S7-11：你们会在跳空后买入吗？如果会的话，当跳空后价格高于你们的买入点时，你们还会买入吗？

Minervini：我一般是不会追逐跳空的。如果出现向上跳空缺口后股价已经超过了我的买入点，那么我一般是不会买入的，除非是在盈利发布之后，出现了一个大的向上跳空缺口。但是即便如此，价格也不能比枢纽点高太多，因为如果盈利超预期的话，股价就会快速上涨，这种钱我是不会不赚的。你可以看 Cabela's (CAB)在 2012 年 2 月 16 日和 7 月 26 日发布盈利后的股价走势（见图 7.1）。

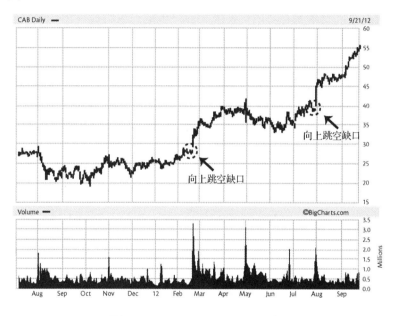

图 7.1　Cabela's (CAB)，2012 年

另一种情况是向下跳空。如果出现了跳空低开的情形，那么虽然有一种可能是出现看涨吞没形态，但是你还是要冷静思考。总之当出现意外的跳空时，我一般都会比较谨慎而不是马上做出反应，我不喜欢不确定性，我很少会在情况不明朗时采取行动。

Ryan：我基本上不会买入跳空后价格超过买入点的股票，除非那只股票有非常好的基本面。如果是这样的话，我可能还要等到快收盘的时候看收盘价是什么样的。如果将要强势收盘，那么我可能会买入，同时把止损点设为当天的最低价，如果收盘价不高的话，我就要看之后价格会不会突破这一天的最高价，一般股价会在接下来的几天突破跳空日的最高价，如果没有的话，我就得继续等待机会了。

Zanger：会的，只要跳空后的价格没有高出我的买入点太多就会买入，但一般涨幅超过5%我就不会买入了。当出现这种高跳空情况时，我会设置新的枢纽点，当价格再次突破并伴随着交易量增大时我才会买入。

但是在有些情况下我是不会在当天买入的。比如像 Facebook（FB）或者 Google Inc.（GOOG）这种全球性的公司，在它们上市后不久，盈利看起来非常好，但是我不会在向上跳空的当天买入，而是要看接下来的情况。如果情况好的话，我会在第二天、第三天或者第四天大量买入。

2014 年 4 月 22 日，在 Netflix 公布盈利后的第二天股价跳空高开，然而，收盘价却只有当天价格的中位数水平，之后的一天股价反转，开始下跌，我卖出了一些，再之后的一天继续走低，我清仓了，亏损了 6%。回过头看，我当时买入得太早了。

第七部分　买入标准

Ritchie II：我一般不会买入，如果我买入，那么无非是两种情况：第一种是跳空后价格超过了我的突破区域，但是没有超过太多，这样不至于让我的买入价和止损价相差太多。第二种是当现象级的盈利公布后，我认为股价有机会大幅上涨，但是这时我会严格控制止损。

第八部分

风 险 控 制

S8-1：你们是怎样设置止损点的？

Minervini： 如果风险处在自己能接受的水平，技术形态也还可以，我就会一直持有这只股票，直到技术形态变差。但是对于波动性高的股票，我一般会设置一个止损比例，或者设定好固定的风险金额和头寸大小。

Ryan： 我一般会设置一个亏损的比例，或者用一条支撑线代替。如果我的买入价格下方有一条强大的支撑线，那么我就可以很好地参考它。

Zanger： 我会把趋势线和每天线图的最低点结合在一起看，确定一个止损点，然后，我还会看相对变化快的均线，比如 10 日和 21 日均线，当这两者中的任意一个被打破时，我就会止损或者减仓。

Ritchie II：主要取决于我的交易矩阵（trading metrics），特别是盈亏关系（win-loss relationship），我会计算出一个最优加权平均盈亏关系，它通常是一个百分比形式的止损点中位数。如果我的买入行为正确并且市场运作正常，那么这个点通常是我的买入点向下 3%～10% 的位置。

■　　■　　■

S8-2：你们会为单笔交易给组合贡献的风险设置一个最大值吗？

Minervini：是的，我不会让单笔交易贡献的风险超过 2.5%，平均下来，我的每一笔交易贡献的风险为 0.75%～1.25%。比如说在一笔交易中我买入了 25% 的仓位，止损比例为 10%，那么它就给我的组合贡献了 2.5% 的风险，而如果止损比例是 5% 的话，它就贡献了 1.25% 的风险。

Ryan：单笔交易贡献的最高风险为 1%。相当于一只股票占 10% 的仓位，止损比例为 10%，我不会让任何一个头寸给我的组合造成太大的回撤。

Zanger：整个组合的最大风险比例为 20%，单只股票贡献的风险为 1%～3%。

Ritchie Ⅱ： 会的，但是这取决于好多因素，最重要的因素就是我目前的业绩怎么样。如果我正处于亏损状态或者情况不太乐观，那么一般风险比例不会超过 100BP（Basis Points），而一旦我找对了节奏，就会增加敞口，我会买入更多的股票或者增加现有股票的仓位。

当情况好的时候，我的风险比例一般会提高到 200～300BP，或者如果在此基础上我还取得了不错的收益，那么风险比例可能会提高到 500BP，但一定是在好业绩的基础上才能这样做。

而当情况不好的时候，我不会承担太多的风险，不论何时这都是我的交易原则。

■　■　■

S8-3： 即便有了一个严格的止损制度，然而对于隔夜的风险和跳空你们会如何应对呢？

Minervini： 跳空的风险总是存在的，你不可能完全消除这种风险，但是可以降低它。这就是限制头寸的作用了。如果你买入了一只曾在过去 3～6 个月大幅向下跳空过的股票，那么你的风险就会更大，因为未来它还可能会出现这种情况，借用 David Ryan 的话，"连续的跳空"，所以你买入了什么股票很重要。我总是告诉交易员要在"睡眠点"卖掉，我的助理形容这是"枕头因素"，如果你连觉都睡不好的话，那么说明你的头寸太大了。

Ryan：隔夜的新闻和跳空都是你必须要承担的风险，如果你为某个头寸焦虑到夜不能寐，那么你可能需要找别人帮你管理资产了。有时候，如果我担心新的盈利公告不及预期，那么我可能会降低这只股票的仓位以减小我的风险敞口。

Zanger：对我来说隔夜的风险从来都不是问题，我有很多超额收益都来自隔夜持有或者隔周末持有。大幅的向下跳空是一个问题，但是在这种风险来临之前你就应该有所警觉，比如在 FOMC 会议之前或者一些重大的新闻发布前。在我的交易生涯里也曾出现过几次奇怪的向下跳空，让我损失惨重，但是长期来看，隔夜持有和隔周末持有是利大于弊的，在牛市这样做给我带来了很可观的超额收益。

Ritchie II：除了一些特例如盈利发布之外，这个问题并不像它看起来那么严重。我认为在市场好的时候，如果你的选股标准是严格的，那么跳空的风险就是有限的。比如在市场好的时候，处在收集阶段的股票就极少出现跳空低开的情况，相反，如果市场在调整，那么，高波动性的股票就可能会出现这种情况。

我经常用芝加哥的天气来作类比。我来自芝加哥，其他地方的人经常对我说"哇，你们那里冬天能冻死人吧"。芝加哥冬天确实很冷，但是你不可能穿着短袖、短裤站在雪地里。股票也是如此，周围的环境对它有很大的影响。

■　　■　　■

S8-4：在设置止损点时，你们会直接设置一次 10%的止损点，还是设置两次 5%的止损点，给一只股票两次机会？

Minervini：我更愿意选择后者，从而给我的股票更多的机会。10%是我最高的止损比例了，我基本上没有哪一笔交易的亏损超过10%。请记住，止损越严格，择时就需要越准确，但是损失越大，交易就会越困难。我宁愿把更多的精力和成本放在择时上，也不愿意面临大幅的亏损。

Ryan：估计我会选择设置两次 5%的止损点，因为如果我的择时准确，股票的跌幅就不会超过 5%。

Zanger：这个问题很难回答，就像问"答案是 6 还是半打"一样，不管哪一种止损方法，最后都是亏 10%，如果一定要选的话，估计我会选设置两次 5%的止损点。

Ritchie II：我会选择设置两次 5%的止损点。我一般更愿意多尝试一次。

■　　■　　■

第八部分 风险控制

S8-5：能给我们讲述你们失败的一次交易和失败的原因吗？

Minervini：我非常不喜欢也不擅长交易周期股，2014 年 11 月我买入了 Alcoa,Inc.（AA），刚买入后的几天还涨了一点，然后就开始跌，再后来我亏了一点就卖出了，在我卖出之后它就开始狂跌不止。

Ryan：我失败的交易发生在我没有严格遵守自己投资纪律的时候，如果太感性，就可能会买入一些还没有准备好的股票。

最近的一次失败交易发生在 2015 年 3 月 24 日，我买入了 Jack in the Box（JACK）。在盈利发布后，这只股票跳空高开，然后突破，创下新高。我是在股价创下新高时买入的，然而刚刚创出新高它就不涨了，第二天跌了 3.4%，交易量比前一天还大。接下来一直没有底部确认，也没有多少人接盘，我觉得这只股票短期不会有反弹的机会了，就在亏损 3%的时候卖出了。

我的错误在于我关注的区间太短了，而且当股价突破时交易量没有增加。持续数日的量价齐升才能真正拉升一只股票，突破原有的区间。在股价大涨后，4 周的整理区间还是不够长，突破的区间越长，股价变化的幅度越大。

Zanger：大多数失败的交易都源于股票突破后交易量的缺失。我对于区间突破的研究是非常扎实的，在选股时也是很客观的，我选择那些技术形态最好的股票，并及时对变化做出反应。所有交易员都是这样做的。

我有一次失败的交易，当时买入了 Medivation Inc.（MDVN），一只生物科技行业的股票。该股在 2010 年 2 月完成了突破，可在我买入后的第二天，该公司的药品就被 FDA（食品药品监督管理局）给查处了，第三天一开盘就跌了 25%。

Ritchie II: 我在 2015 年 2 月 23 日买入了一点 Globus Medical（GMED），它在盈利发布的前几天就突破支撑位了。对于即将发布的盈利预期，这只股票有较高的卖空比，并且股价接近历史新高，所以我的分析是伴随卖空平仓股价在盈利预期公布之前会上涨，而且如果发布的消息特别好，那么股价可能大幅跃升，对我有利，我坚持到财报发布，股价跳空高开了一点随后开始剧烈反转，然后我卖出了。

还有一次是 2015 年 3 月 23 日，我买入了 Opko Health（OPK），这只股票开始看起来很好，然而两天后就出现了剧烈的反转，我随即意识到我的择时错了，因为股价并没有朝着积极的方向发展，然后我就把它卖出了。

■　　■　　■

S8-6：当出现亏损时你们会逐步清仓还是立刻清仓？

Minervini：如果股价到了我的止损点位，我就会立刻清仓。但是有时候我也会分批清仓，我会从买入点到止损点把价格平均分成两段或者三段，股价每跌一段我就卖出一部分，一般会分两次或者三次卖完。

Ryan：我基本上都是在股价到止损点时清仓，及时止损是明智的，保护本金是我的首要目标。

Zanger：这取决于我持有股票的规模和该股的流动性。在一个完美的市场中，我可以一笔交易就卖掉一切，但是在现实中这几乎是不可能的。如果一只交易量不大的股票开始下跌，我会先卖出一些深度价内看涨期权，然后再卖出股票。因为我卖出股票不可避免地会给股价造成下跌的压力，而由于股价下跌，看涨期权的价值也会下降，因此这种分阶段的退出能减少我的损失。所以对于流动性不好的股票，日成交量在 200 万股～300 万股的，我更喜欢用看涨期权来减仓，而对于流动性好的股票，日成交量在 700 万股～2000 万股的，我就可以直接卖出股票。

Ritchie II：头寸越大，我就越倾向于逐步清仓。如果我的头寸比较小，那么一旦股价触碰到了止损点，我就会立刻清仓，之后如果情况好转，我还可以很快买回来。而如果头寸很大，那么我一般都会分批卖掉。

■　　■　　■

S8-7：做市商可能会"狙击"止损点，尤其是在股票跳空低开后。你们会在开盘前就下一个止损单吗？还是用心理止损法？

Minervini：我一般都用心理止损法。有时候如果止损价格非常接近做市商的报价，那么他们可能会"狙击"止损点，不过如果该股的流动性比较好的话，就不用太担心了。

Ryan：我一般都在日内止损，不太想让这种隔夜的风险发生。我认为每天前 45 分钟的交易是非常感性的，我的大部分错误也出现在这个时间段里，所以在此期间，我一般都会坐下来读读新闻，看看发生了什么。有时候如果我觉得开盘的价格过度反映了信息，可能还会反向操作。

Zanger：我一般用心理止损法，当股价到达这一止损点位后我会观察后续的走势，以决定接下来的操作。很多大行情都是在股价见底后开始的，有时候见底后就会有国内外的利好消息出现，这时候在底部或者向下跳空后买入是正确的。

Ritchie II：这个问题问得不太清楚，在如今的市场结构下，发限价止损单就不可避免地会被做市商狙击，所以可以这样问，有没有方法可以避免被狙击？答案是不要发和市价非常接近的止损单，尤其是对于中小盘股而言。而流动性好的股票，受到的影响会相对小一些。

最后我想强调，心理止损法只适用于能严格遵守投资纪律的专业人士！如果你不能够遵守自己的投资纪律，那么你一定不能用心理止损法，只有当你有了这种执行力后，才可以去尝试使用。

■　　■　　■

S8-8：当股价突破时，如果支撑线在突破价位下方 15%～20%，你们会怎样选择止损点？10%的止损比例足够给股票一定的空间同时严格控制风险吗？

Minervini：我会设置一个小于 10%的止损比例，我基本上不允许任何股票跌 10%。我也不关心支撑线在哪里，我从来不会让一笔交易承担 15%～20%的风险！如果支撑线太低的话，我就设置一个我认为合理的止损点。

Ryan：一般来说，我是不会在这种情况下买入的，因为这个区间实在是太宽了。我会买入那些有技术指标比如盘整区间、均线、趋势线支持的股票。

Zanger：如果这种情况下用 10%的止损比例，那么风险可就太大了，我可能会选 2%～3%的止损比例。真见鬼，我经常都不是在止损点卖出的，而是当突破后股价表现并不强势，股价没有达到我预期的表现时，我就卖出。为什么非要等到亏损的时候才卖出呢？在突破绵软无力的时候就要卖出！

Ritchie II：这个问题实际上是问我会不会买一只价格区间太大的股票，我的原则是不会。然而，如果我要买一只没有明确止损点的股票，就会根据过去的平均止损比例设置一个止损比例。而且我会比其他时候买得要少一点，因为这样的股票风险更高。

■　■　■

S8-9：如果股价触碰到了止损点，交易量却非常小，你们还会立即止损吗？还是说再持有一段时间，给这只股票一点空间？

Minervini：一旦股价触碰到我的止损点，我就清仓。我的目标是保证资产不会大幅缩水，这个目标不会因为交易量的改变而改变。

Ryan：会的，永远不要给任何一只股票空间。否则，你就会发现对于以后每一笔亏损，你都能找到借口，最终你将失去对亏损的控制。

Zanger：这取决于市场的情况和这只股票自身的波动性。我至少会卖掉 30%～40% 的仓位，然后看看会发生什么。

Ritchie II：当股价触碰到止损点时，一般我都会按照投资纪律止损，尽管会有一些特例，比如对于流动性不好的股票，尤其是中小盘股，我可能会等待一段时间再卖出。总之我尽量都按照自己的止损规则去做，如果要给一只股票更多的空间的话，那么我之前就要想好给多少。

■　　■　　■

S8-10：在一个震荡的市场中，你们怎样处理那些呈锯齿状走势的股票？

Minervini：如果锯齿严重影响到了你，那么要么是你的选股标准有问题，要么是市场出现了问题。如果你在正确的时间采用正确的方法，就不会看到太多锯齿。锯齿市比熊市更危险，因为如果是熊市，你就按照止损规则止损清仓走人，但是在锯齿市中，你的感觉可能是像被"凌迟处死"，你反复地进场、离场，因为股票不断地给你机会，然而每交易一次都亏损一次。

Ryan：最难做的就是锯齿市，在锯齿市中向上和向下的突破都不起作用，所以无论是做多还是做空，你都赚不到钱。当这种情况出现的时候，我就降低敞口，只留下很小的头寸。我也会找机会在回调时买入一些龙头股，而不是在突破的时候买入。在这种时候保持耐心是最重要的，在市场改变前你要做的就是等待，不要急着交易。

Zanger：当我发现市场进入这种高速震荡的节奏中、没有清晰的趋势时，一般就离场观望了，我会持有现金，耐心地等待下一个趋势的出现。我能给到新手交易员最好的建议，就是要不惜一切成本离开震荡市，不管是做多还是做空，你都会赔的。震荡市可能会持续 9 个月到 1 年，甚至更长。

Ritchie II：对我来说，这种市场环境是最困难的，尤其是当市场大幅地上下波动时。因为当市场出现锯齿时，个股的锯齿会更大。所以我的处理方法很简单，如果我的股票都出现了锯齿，我就减仓，直到情况出现变化。

■　　■　　■

S8-11：你们会怎样应对突发事件给你的交易带来的影响？比如说你在 20 美元处买入了，将止损点设置在 19 美元，可是在一个突发新闻后，股价向下跳空到 15 美元。

Minervini：当股价触碰到我的止损点时，我就卖出，就是这么简单，不然，我设置止损点也就没有什么意义了。滑点是交易的一部分，但即使算上滑点的成本，亏损也是在可接受范围内的。

Ryan：当一个突发新闻出来后，有时候跳空低开的价格就是当天的最低价，然后股价可能会逐渐回升。我会想我既然已经遭受到了这么大的损失，那就再等 30 分钟看看会不会有超跌反弹。

如果反弹超过了开盘跌幅的 50%，我可能就会持有到第二天看看会不会有更多的反弹，而如果前 30 分钟都没有太大起色的话，我就止损，我不想看它跌得更多。

Zanger：如果出现了像这样的向下跳空，我估计会等一些人逢低买入，他们买入之后股价可能会涨 1 美元～2 美元，这时我再卖。因为这只股票已经不爱我了，我会继续前进，忘记这只股票，再去寻找下一只好的股票。

Ritchie II：卖！

第九部分

交易管理

S9-1：你们会上下调整自己的仓位吗？

Minervini： 会的，我有时会在低风险点过高持仓，如果很快股价就涨了，我就会对超出的仓位止盈，这样的话剩下的仓位就会变得更灵活，因为我已经锁定了一部分收益，得到了一个安全垫。而如果股价没有涨，我就会立刻卖掉超出的仓位，我不会在情况好时过低持仓，而在情况不好时过高持仓，要反过来才对。

Ryan： 我一直都是这样做的。就像开车一样，当我看到绿灯时会加大油门，开始建仓或者加仓，当黄灯出现时降低仓位，而当股价开始下行时，就像看到红灯会停车一样，我会清仓，仓位完全是根据股票表现调整的。

Zanger：通常一年中我会有一笔或两笔非常成功的交易。在一只股票价格涨了 20%～30%后，我会卖出一些落袋为安，当股价回撤到 10 天或者 21 日均线时，如果信号显示后续股价仍然会非常强势，那么我可能会买入一些。所以，我更喜欢在我的股票价格上涨后止盈，而不是补仓，就像我之前提到的，高价补仓会提升成本，一旦股价大幅下跌，我会很快被套并且被迫止损。

Ritchie II：这是我一直尝试改进的地方。一般我有两种方法：第一种是当股票还没有真正开始突破时，我会买入一些，股价开始整固。然后，如果没有突破信号的确认，我就会减仓，直到重新出现突破信号时再加仓。我更喜欢的是第二种方法，第二种方法是对于我曾减持过的股票，当我的收益超过风险金额的 2 倍时，我会考虑补仓，前提是股价走势比较好并且在积极地整固。

■ ■ ■

S9-2：能讲述一下你们最近的一笔成功的交易和一笔失败的交易吗？

Minervini：我最近的一笔成功的交易是 Michaels Companies（MIK），它是一只次新股。我在 2014 年 11 月 6 日买入了它，因为它出现了经典的波动收缩规律（VCP）。该股在接下来的 16 个交易日里，有 13 个交易日都是上涨的，不到 4 个月就涨了 60%，虽然我卖得有点早，但是依然获得了不错的收益（见图 9.1）。

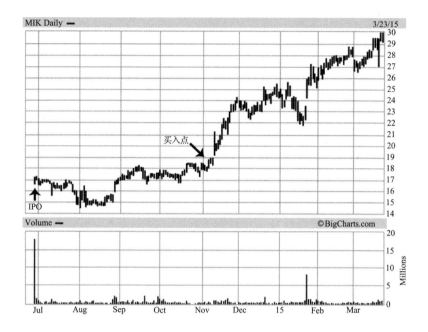

图 9.1　Michaels Companies（MIK），2014—2015 年

最近一次失败的交易比较有趣，是 Twitter Inc.（TWTR）。我在 2015 年 3 月末到 4 月初之间完成了建仓，直到 4 月 28 日该股表现都比较好，本来预计盈利会在 28 日收盘后发布，可没想到在当天的交易时间就发布了，结果一经发布，股票就被抛售。我在上午卖出了一些，剩下的在收盘前 6 分钟也清了，第二天该股跳空低开 15%，我只亏了 0.16%（见图 9.2）。我对自己的表现还是很满意的，因为本来我是打算持有到盈利发布后的，如果是在收盘后发布盈利，那么我肯定会吃到第二天的跳空。

图 9.2　Twitter Inc.（TWTR），2015 年

Ryan：我在 2015 年 3 月 2 日买入了 Ambarella Inc.（AMBA），因为当时它的成交量很好，并且突破了区间内除三天外的所有价格。你可以在股价超过区间的 90% 分位时先买一点，不能总是等待突破新高后再买。接下来的两天依然有巨大的成交量，股价也继续了上涨的趋势。然后在 2015 年 4 月 24 日我卖出了，因为当时股价开始从最近 4 周的区间里下降。然后在 2015 年 5 月 15 日我又买回来了，最后在 6 月 10 日卖掉了，因为看起来已经涨得差不多了（见图 9.3）。当时股价在 3 周里涨了 40%，达到了历史新

高，是 2012 年 10 月 IPO 时的 15 倍。

图 9.3　Ambarella Inc.（AMBA），2015 年

Fiesta Restaurant Group Inc.（FRGI）是一笔失败的交易，我是在 2015 年 3 月 20 日买入的，当时看起来股价试图要突破区间，然而虽然成交量在增加，但股价却不涨了，当天几乎以最低价收盘，这在股票要突破时，是一个非常差的信号。我本应该更仔细地分析 2015 年 2 月 20 日的那次反转，那天的交易量是历史上的最大值，但是很难持续。在接下来的几天里股价试图突破，但始终没有交易量。2015 年 3 月 25 日我卖出了，第二天就跌破了 50

日均线，成交量很大。接下来该股就进入了下跌趋势，跌了超过25%（见图9.4）。

图 9.4　Fiesta Restaurant Group Inc.（FRGI），2015 年

Zanger：Pharmacyclics Inc.（PCYC）是近年来出现的一只好股票。我把它放到我的网站上时，它每股是 15 美元，几年之后涨到了 150 美元。接下来股价横盘了 6 个月后，又涨到了 168 美元左右。再之后又横盘两周等待盈利发布。

我买入两周之后，它出现了一个非常好的牛市旗形形态，盈利发布后，股价涨了 12 美元，然后回撤到了旗形的上边线。我觉得盈利还不错，行业也很好，就在股价回撤到 170～173 美元时买了。两周后，股价开始快速上涨，这个趋势持续了一段时间，直到最后被 AbbVie（ABBV）以每股 258 美元的价格收购。仅仅几周的时间每股我就赚了 80 多美元（见图 9.5）。

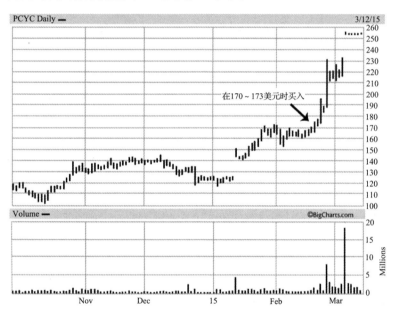

图 9.5　Pharmacyclics Inc.（PCYC），2015 年

从最近失败的一次交易可以看出当股票表现不好时我的止损速度。2015 年 6 月 8 日，我在 CyberArk（CYBR）突破下降通道并伴随交易量上升时买入，可之后股价突破新高后就开始反转，

开始一路下跌，最终，我在股价跌到买入点下方 1.50 美元时卖出止损（见图 9.6）。

图 9.6　CyberArk Software（CYBR），2015 年

Ritchie II：我的最近一次成功的交易来自 Qualys Inc.（QLYS），在 2014 年 10 月调整后，该股是我从空仓状态最早买入的一批股票之一。我是在 2014 年 10 月 28 日买入的，当时股价开始朝 29 美元上方前进，之后从来没有回到这个价格。

我选择这只股票的原因，是它在调整期的表现依然良好，销量和盈利情况也很好，并且属于互联网安全行业，这是我所青睐的行业。在 2014 年 11 月 4 日，我卖出了一半，赚了 20%，剩下的仓位在 2015 年 2 月 10 日卖出，又赚了一波（见图 9.7）。

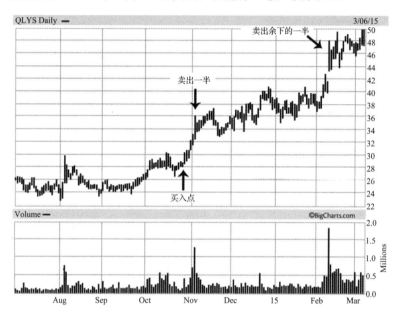

图 9.7　Qualys Inc.（QLYS），2014—2015 年

最近一次失败的交易来自 Lululemon Athletica Inc.（LULU），2015 年 2 月 27 日，我买入了这只股票，当时它开始突破到 68 美元上方的水平，可接下来一直没有任何后续的突破信号，最终我在 2015 年 3 月 3 日止损，那天的股价跌到了前一周的最低价（见图 9.8）。具有讽刺意味的是，在 3 天后，高盛下调了对该股的评级。观察市场对这种事情的反应总是很有趣。

图 9.8　Lululemon Athletica Inc.（LULU），2015 年

▪ ▪ ▪

S9-3：你们的交易期限框架是怎么样的？一般你们会持有一只趋势股多久？

Minervini：平均来看，我的好的股票要比差的股票多持有了2～3 倍的时间，对于好的股票我通常持有 2～3 个季度，但极少会持有超过 1 年。一波上涨的大部分阶段会在 12～24 个月完成，所以如果你的择时很准，那么你可以在很短的时间内获得不错的收益。我的目标是快速地赚钱，所以我快速地买入、卖出，极少会经过一个调整期还在持有。

Ryan：一般好的股票我会持有几周到几个月，而差的股票则持有几天到几周。我最好的交易在买入后就能迅速给我带来收益，持有的时间也最长。我会尽可能长时间地持有好的股票。我不做日内交易，买一只在上升趋势的股票并持有它，这样效果很好，持有的期限可能是几周、几个月，甚至超过一年。在当前的市场环境下，我通常持有几周或几个月。我没有固定的持有期限，如果买入之后第二天股票就触碰到了我的止损点，那么我就卖掉。

Zanger：持有时间的长短取决于市场的表现，取决于当前处于市场的哪个阶段。在大牛市，一般好的股票我会持有不超过 90 天，有时会远远短于 90 天，而差的股票可能就持有一天，最多两天。

Ritchie II：我的每笔交易持有时间可能都不一样，不过最近 5 年，差的股票我的平均持有时间为二三天，好的股票平均持有时间为八九个交易日。我止损一直很快，而止盈要慢一些。在我看来，每一笔交易一开始都是短期交易，之后要根据价格走势及其他情况的变化决定持有多久。如果一只股票突破得非常快，那么我会持有得久一些，等待一波更大的上涨行情，因为最好的交易貌似都是能迅速给你带来收益的。

■　　■　　■

S9-4：你们会在股票下跌时加仓吗？

Minervini：我几乎从来不会这样做。对于让我亏损的头寸，只有在回撤时我才会加仓，而且即使加，也是在回撤后的反弹中加，还要等股价反弹到我原先的买入价附近才行。我从来不会在亏损很大的时候加仓。

Ryan：我从来不会在亏损的时候加仓。我已经犯了一个错误，为什么还要继续加仓，让错误放大？我不能容忍组合里有亏损的头寸，亏损的头寸像是癌症，对它应该止损而不是加仓，你要确保组合里的每只股票都是赚钱的。

Zanger：我不会在股价下跌时加仓，因为之后它可能跌得更多。相反，我一般在下跌时减仓。我要买强势的而不是弱势的股票。

Ritchie II：我从来不会为了摊低成本去这样做。

■　　■　　■

S9-5：当股价超过你们的买入价多少时你们会放弃购买？

Minervini：只要高出一两个百分点，我就不买了，我只会在正确的买入点买入，我不会追逐股票。

Ryan：如果是在一个大牛市，那么只要股价没有比我的买入价高出 10%，我就可能会买入，而如果是在熊市且没有任何的确认信号，那么 5% 已是我的极限。

Zanger：当股价超过突破点 20% 时，无论怎样我都不会再加仓了，大概率价格已经进入了一个新的区间。

Ritchie II：这更多地取决于该股的技术形态怎么样，不过一般情况下，超过突破点 5% 我就不会再买了，除非该股处于整固阶段。

■ ■ ■

S9-6：如果一只股票已经涨了很多了，给你们带来了很高的收益，但是它又突破了，你们还会加仓吗？

Minervini：我会，但一般会比上一次买得少一些，我不想增加平均成本。

Ryan：会的，一只股票可能在一两年里经历好几波上涨，你可以在它身上大赚一笔。

Zanger：如果我在一只股票上已经赚了很多，那么我很可能在它下一次突破前就把它卖掉了。不过在第二次突破时，我应该会买得相对少一些，因为股价变得更贵了。第一次突破一般是最好的，因为在第一次突破时，机构投资者持有的头寸往往还不多。

机构投资者是推动股价上涨的力量。

Ritchie II：如果我已经持有的某只股票要大涨了，我当然会再买一些，但是我一般都会控制自己的仓位。比如，我认为一只股票会涨 30%～50%，如果几天前它已经涨了 15%～20%，我就卖掉一些，如果该股有规律地整固或者回撤，我就会补仓。我一般不会在保持原先仓位不变的情况下，为了等待一波大涨而以更高的价格加仓。

　　　■　　　■　　　■

S9-7：考虑税收，你们是否会用看跌期权作为对冲工具去保护或者锁定收益？或者当你们预测未来市场会出现一个轻度的调整时，会用看跌期权对冲吗？

Minervini：我几乎从来没有用过。当我的组合里有很多只股票时，我偶尔会买入 ETF 用来做空市场进行对冲，这样可以避免卖出太多股票。但是，我更喜欢在同一时间段里只买入少数几只股票，这样我可以更快地加仓、减仓，调整风险敞口，这样做更简单些。

Ryan：基本上不会。我更喜欢直截了当地买入、卖出，很少会用期权。

Zanger：因为我的交易都是按照美国税务局准则以市值计价

的，所以我的账户盈亏在每年 12 月 31 日之前就登记好了，在年末做对冲对我而言没有什么意义。而且，总的来说，我是一个短期交易者，收益来源基本都是资本利得而不是股息，所以我从来不会出于税收的考虑做对冲。我也从来不会对冲市场回撤。

Ritchie II：首先，我做交易决策不会取决于税收因素，因为我认为对短期交易来说，被税收因素影响是很不理智的。而关于看跌期权，我不会买它来对冲多头头寸，如果我觉得自己的多头头寸风险太大的话，就直接将相应标的资产的规模调整到一个适当的水平。

■　■　■

S9-8：在取得不错的收益后，你们会用跟踪止损法减仓吗？

Minervini：当我已经取得不错的收益后，我一般会在股价仍然强势时卖出，在股价下跌触碰止损点之前就卖掉。我的"卖掉一半法则"是一个双赢的解决办法，如果你对要不要继续持有某一只股票感到犹豫不决，那么心理学上的一种双赢方法是卖掉一半。如果接下来股价上涨，那么你可以说感谢上帝，我还持有一半；如果股价下跌，那么你可以说感谢上帝，我已经卖了一半。无论接下来股价怎么变化，你都是对的。有时，如果我特别喜欢一只股票，就会先卖掉一半仓位，再把止损点设到盈亏平衡点，然后另一半仓位的操作空间就更大、更自由了。

Ryan：这取决于股价是怎么涨的。如果是快速上涨的，我就会先买入一些，然后把剩下仓位的止损点上移；如果是平稳的上涨趋势，我就会相应地把止损点上移，一旦股价触及止损点，我就立刻清仓。

Zanger：我不用跟踪止损法，因为我一般都在股价还比较强势的时候就卖掉，我希望在股价见顶前就跑掉或者卖掉大部分仓位。如果我还没有完全清仓，就会用均线，比如将 21 日均线作为剩余仓位的止损点。如果你持有大额头寸或者流动性很差的股票，那么在股价大涨一波后、交易量还在顶部区域时卖出，要比之后股价下跌、交易量下降时再卖出要容易得多。

Ritchie II：减仓时我不会用跟踪止损法。我不用传统的跟踪止损法，不断在股价下方一定的距离处设止损点，我会在自己的脑海里设置一个水平，当股价下跌一定程度时，我就减仓一部分。不过，最好的情况还是在股价强势时就减仓。

■　■　■

S9-9：如果不能每时每刻地监测市场，那么你们是否会用跟踪止损法？

Minervini：是的。可以这样做，当你已经取得不错的收益时，可以适当把止损点上移。对于大起大落的股票，我会加强止损，因为之前涨得越高，之后回撤的可能性会越大。

Ryan：你应该每天或者每两天检查一次自己的股票，看看是否需要把止损点提高。我从来没有用过比例跟踪止损法，但是我会根据均线、趋势线、成交量等信息来调整止损点。现在科技已经很发达了，你可以在手机上检查自己的止损点，看看是否需要调整。

Zanger：如果市场上大部分人都用一个机械的跟踪止损法，做市商就有可能人为地把市场价拉低到止损的价格，迫使你卖掉。因为所有人的止损价格都是一样的。20 世纪 90 年代初，我曾尝试过这种机械的跟踪止损法，但是当我发现股价总是被人为地拉低后，就再也不这样做了。我觉得时刻监测市场是非常必要的，这样你才能知道市场整体的运转情况，以选择最好的卖出点。我可能会用之前的一个突破价格作为止损点，但是绝不会在交易平台上提前设置一个机械的止损点，因为这样会使你忽视当前市场的信息。

Ritchie II：这取决于你的组合持仓的构成和持仓的集中度。如果你的持仓集中度很高，那么应该采取一些止损方法来避免可能出现的大额损失。一般认为你的持仓集中度应当与你对市场的关注情况相匹配，你对市场的关注越少，投资应当越分散。如果头寸很少，那么我认为没必要一直设置一个止损指令，不过我会至少收到一些邮件或电话形式的日内提醒，以便让我据此发出指令。

◼ ◼ ◼

S9-10：当一只股票取得的收益接近你的目标时，你会调整止损点吗？比如把原来的止损点换到盈亏平衡点？

Minervini：我总是试着改进自己的止损规则，尽量不要卖得过早。如果一只股票涨幅很大，那么我肯定会把止损点上调，至少上调到盈亏平衡点，我可不想让高收益变成亏损。但是，这样做的前提是收益超过风险金额，或者收益超过历史收益的均值。

Ryan：我一直都是跟随股价上涨而上调止损点的。因此，如果股价涨了 5%，我就把止损点上调到盈亏平衡点，或者盈亏平衡点附近。我绝不会把止损点下调，让可能出现的损失增加。

Zanger：我一般不会明确设置一个水平线，但是在股价上涨后，我会分阶段地减仓。如果股价已经涨了几个月了，那么在此期间我至少会减仓 50%，剩下的会在下一个盈利公告发布前卖掉。

Ritchie II：我一般没有一个提前设定好的目标，但是对于一只股票，我希望它的收益能比我的平均收益高，我至少要在股价还强势的时候卖掉它。因此，如果一只股票的收益超过了我过去交易的平均收益，我就会把止损点调整到盈亏平衡点，我的交易哲学就是这样，我不会让一只好的股票由收益高于平均值而转向亏损。

■　■　■

S9-11：你们会设定一个目标价吗？当股价涨到目标价时止盈，还是只会根据股票的技术形态决定是否卖出？

Minervini：我基本上不会设定目标价，而是会看股票的技术形态，看自己已经赚了多少了，对比一下自己的风险。当潜在回报超过风险时，我就会买，反之，我就会卖。我可能会在收益超过风险金额几倍时卖，一般是在收益等于买入价与止损价之差的 2～6 倍时。

Ryan：我更倾向于在股价跌破支撑点位时卖。设定目标价的一个问题是，有些好股票的涨幅能超出所有人的想象。开始，你可能对 20% 的涨幅很满意，但是之后可能会涨到 300%。然而，这取决于第一波上涨的速度、该公司的盈利和市场的总体情况。

Zanger：设定目标价的问题是，如果你给一只股票设定的目标为涨到 80 美元，但它却涨到了 120 美元，你就会错过一波收益。我以前设定过目标价，以后可能还会设定，但是股价的真实走势可能还是会超过目标价。目标价一般是根据历史数据运用统计学预测的，所以更接近一个平均的水平。然而，真正的大牛股的表现可能远远超过平均值。设定目标价就像是在起跑门就下注哪匹马会获胜一样。

Ritchie II：我们说要在股价依然强势时卖掉，目标价至少要让自己的收益高于平均收益，通常要超过风险金额的 2 倍以上。但是我不会武断地设定目标价，而是更愿意观察价格走势，对比它和组合里其他股票或者自己的观察列表里其他股票的价格走势。

■　　■　　■

S9-12：对于一只表现不好的股票，你会在价格触碰止损点前就卖掉吗？有哪些因素会促使你更早地卖掉？

Minervini：在买入一只股票后，我会观测一系列"反常指标"。如果一只股票在突破时交易量不大，然后又回撤了，回撤时的交易量却很大，这就是一个"反常指标"。连续三四个交易日的最低价都是下降的，看不到任何支撑的力量，这也是一个"反常指标"。再比如，突破后的收盘价低于 20 日均线，甚至 50 日均线，还有缺少确认信号，下跌的交易日比上涨的交易日多，都是"反常指标"。当连续出现了好几个"反常指标"时，我就会在价格触碰止损点前卖掉。

Ryan：是的，有一些因素会促使我提前卖掉。比如市场均线的下移、该股所在行业或者板块的情况发生了变化，或者是该股的相对强弱指标下降，我找到了更好的标的，等等。我愿意花时间等待上涨行情的出现，但是不能为一只股票等待太久。市场变差是最主要的因素，也可能是该股所在的行业或者板块变差，或者是新的盈利发布后，很多股票出现跳水的情形。

Zanger： 市场的调整会是我提前卖掉的主要因素之一，该股股价停止上涨或者跌破均线或趋势线也可能促使我卖掉。只要我发现一只股票开始变坏就会卖掉它，差的股票变坏的速度会很快，它会浪费你的资金，让你没法买其他好的股票。最好的方法就是把它卖掉或者用其他的优质股替换掉它。

Ritchie II： 会的，有时候一只股票突破后却没有继续增长的信号，而且我想买另外一只股票却不想增加自己的总的风险敞口，我可能就会提前卖一些，再去买新的股票。另外，就算我没有其他的股票要买，如果一只股票突破后的表现没有达到预期的话，我也很可能会把它卖掉，等它再次突破的时候再买回来。

比如，开始我有 5 只股票，其中三四只已经被止损了，整个市场的表现也比较差，主要的均线都在派发，我的观察列表上的其他股票的表现也比较差，这时我就可能在剩余的股票触碰止损点之前，把它们都卖掉。

■　　■　　■

S9-13：如果意识到之前犯了错误，做了错误的决定，那么你们会因此卖掉一只股票吗？

Minervini：当然会了！当你发现错误的时候就要立即纠正。我的目标是让钱越来越多，而不是让错误越来越多。你明知自己犯了错误还继续持有，这是不合逻辑的。

Ryan：是的，成功投资者最重要的特征之一就是勇于承认错误并让损失变到最小。而过度自负、企图对抗市场、不愿承认错误会带来严重的损失。很多医生不能做投资，因为他们不能承认自己的错误，对于他们这个职业来说，承认错误可能会引起被控告的后果。

Zanger：当然！这样的股票卖得越早，我睡得就越踏实。

Ritchie II：虽然印象中我好像没有出现过这种情况，但是如果我意识到自己做了错误的买入决定，肯定会立刻把它卖掉。

■　　■　　■

S9-14：当一只已经涨了很多的股票开始出现回撤，而市场还处在上涨趋势时，你们会卖掉它吗？具体会在什么时间卖？

Minervini：还是要看具体的情况。我的基本理念就是不要让收益变成亏损，如果一只股票涨得不多，我就会保持原来的止损点不变；而如果我已经赚了很多了，就要尽量保住收益。这时，我会相应地调整止损点，尽量在股价还强势的时候卖掉。这是我喜欢用的方法。

Ryan： 并不是说回撤了多少我就卖，更多地还是要看基本面和技术面的情况。我不会做太激进的决定，尤其是对已经获得成功的交易来说，我更喜欢分批加仓和分批减仓。如果一只股票价格已经涨了很多，然后开始出现回撤，我可能就会先卖一小部分。我绝不会完全卖掉一只龙头股。如果你完全清仓，可能就错过下一波机会了。

Zanger： 这取决于很多因素：这只股票在组合里占多大的比例、上升三角形的角度，以及该股上涨的速度、该股的流动性。上升三角形的角度越大，股票的区间就越大，我的容忍度就越小。比如说一只股票形成一个 30°的上升三角形，在组合里占的比例也不大，我就会给它多一点的空间。我观察下来发现上升三角形的角度越大，则股价的波动越大。

很多交易员会用 10 日或者 21 日简单移动均线作为卖出点，我有时也会这样做，但是我还会参考上升趋势线或者关键的反转线。我不会单单看一个指标，我有很多指标可以用，会在不同的情形下选择适合的指标。

Ritchie II： 在我看来，这是波段交易里比较困难的内容之一，因为那些让你赚大钱的股票经常越涨越高。关键是哪些属于你能接受的"正常的"行为。比如，一只股票一路上没有回撤，涨了很多，然后出现了一个比较大的回撤，这个比较大的回撤就是正常的。如果你不能接受，就要调整自己的头寸，将其调整到自己能够继续持有的水平。

理论上，我更关注回撤时的交易量而不是回撤了百分之多少，但是如果一只股票一路涨了 20%，那么它的回撤应该不会超过 20%的 2/3，而且回撤得越多，之后反弹得也会越多。要看一只股票的价格走势，应该看它涨了多少和它的交易量大小，而不是看它回撤了多少。但如果一只股票回撤时的交易量高于均值，且回撤后一直没有反弹，那么至少说明该股目前已不在收集阶段了。

■　　■　　■

S9-15：你怎样在股价强势时止盈和继续持有之间做出权衡？

Minervini：我并不过分纠结于这个问题，想要做到完美几乎是不可能的，当风险/收益比变差时我就会卖。在一轮牛市的初期，我更倾向于继续持有，但是我一般会在一波上涨后卖出 1/3 到 75%，或者 1/2 到 75%，剩下的仓位留着等待下一波机会。对于一只新的龙头股，我经常会用 50 日均线作为卖出点。

Ryan：这是一个基于股票强势与否的本能的判断。比如，一只股票的第一波上涨用了 1 年的时间，最近 3 周又涨了 30%，那么我肯定会开始卖它。而如果一只股票突破了一个很长的区间，正处在它的第一波上涨中，我就会继续持有它。

Zanger：对我来说，一切都是价格行为。一些股票可能在一两周里涨得特别快，然后突然跳水，另一些股票也可能会继续涨几个月。我认为最好能找到一个双赢的办法。所以，当一只股票涨了一波之后，我先卖 50%，如果接下来股价跌了，我就会在跌到我的买入点时把剩余的 50%仓位卖掉，这样最终我依然有不错的收益。而如果接下来它还在涨，那么剩余的 50%的仓位就能再赚一波。

Ritchie Ⅱ：我试图去找到这两者间的平衡，所以我认为从自己的交易矩阵得到一个理性的预期是必需的。交易员买的都是预期要涨的股票，但是问题是能涨多少、能涨多久。答案的关键在于让涨的预期超过跌的预期，净预期为正就行了。所以，如果你现在的状态是只亏了一点点，那么可以等它涨一两天就卖掉，在股价强势时卖掉。不要过分沉浸于能够完整地、从头到尾抓住一波机会，认为这样才是成功。你只需要抓住一部分机会，让收益超过自己的平均损失预期，就足够了。你要形成这种习惯——总是在其强势时卖出。

■　■　■

S9-16：什么时候该继续持有等待下一波机会？什么时候该实现短期的收益？

Minervini：首先，你要确定自己的交易风格，是要做交易还是要做投资？你可以灵活调整自己的仓位，但是如果不能明确一个风格，那么你会抓狂的。当股票涨的时候你会懊恼为什么当初没有继续持有，当你持有的股票跌了以后，你会后悔当初没有卖出。最重要的是赚钱，让你的损失小于收益。牛市初期往往是持有的最佳时机，而牛市末期，往往是过了几年后，往往更适合短线操作。

Ryan：如果处在牛市的初期并且持有一些龙头股，那么你应该继续持有，等待下一波机会。而如果一只股票已经涨了很久了，突破了很多区间，你就该考虑短线操作了。

Zanger：当美联储降息的时候，我更倾向于再持有一段时间。当然，除非我们处在一个彻底的崩盘中，像 2001 年，美联储降息之后依然狂跌不止，纳斯达克跌掉了 80%。碰到这种情况，我自然会相应地调整自己的策略。

Ritchie II：这是我一直在尝试提高的一件事情，在不同的情况下应该有不同的做法，所以我没有一个固定的指标。首先要看的是在我买入后股价的表现，一些好的股票在被买入之后立刻带来收益，如果择时够准，股价就不会跌破买入点，这是影响我是否继续持有的一个重要因素。其他的因素包括股票的技术形态、市值、盈利和销量怎么样，以及它属于哪个行业板块。

■　　■　　■

S9-17：你们用过时间止损的方法吗？

Minervini：我的时间止损大致是建立在我的买入价和我对未来的预期之上的。举个例子，我每天早上都会乘坐 6:05 的火车去上班，如果今天早上 7:45 的时候车还没有来，那么我就可以知道有些事情出了问题。而交易就是基于我的假设和现实之间的差异进行的，就像我要让火车按时出发一样，如果一只股票没有达到我的预期，我就卖掉它。

Ryan：没有，我会看这只股票相对其他龙头股的变化。如果它没有其他股票涨得多，那么它的相对价值就下降了，我会卖掉它。所以，我没有一个明确的时间期限框架，要求多长时间内涨多少。

Zanger：这取决于股价的表现，不过我的确会卖掉那些涨得太慢的股票，这和时间止损的概念有点像。

Ritchie II：交易期限越短，我越倾向于使用时间止损的方法。所以，我更喜欢在进行日内交易时而不是波段交易时用时间止损的方法。当我的交易期限变长时，我更倾向于用价格止损的方法。

■　　■　　■

S9-18：当有新的盈利公告要发布时，你们会怎样操作自己的股票？你们会持有到盈利发布后，还是在盈利发布前减仓？如果之后股价跳空低开、跌破你们的止损点，你们依然会立刻卖掉吗？

Minervini：有时我会持有，而有时不会，这不一定。如果我没有收益安全垫的话，一般会提前减仓，尤其是当我的头寸过大时，我绝不会在盈利发布时还持有一大笔头寸。如果盈利不及预期，我一般就会立刻清仓。我不会想着它以后会不会涨回来，后悔自己不该卖，这都是后见之明。在股价下跌时，我就已经错了，我要做的不是保住自己的面子，而是保护自己的投资组合不遭受额外的损失。或者你也可以用期权做对冲，不过我一般不这样做。我的原则是绝不在重大事件发生如盈利发布时还持有大额的头寸。

Ryan：如果我之前就没有持有，那么我肯定是不会在盈利发布前买的。如果我持有的收益不错，那么我一般会减少一些头寸，有时我也会买看跌期权来保护，但并不经常这样做。如果盈利发布后的第二天股价跳空低开，跌破我的止损点，我就会看前 30 分钟有没有上冲行情，如果在这之后股价又跌破前 30 分钟的最低价，我就清仓。

如果有一个收益安全垫的话，我就会继续持有。在盈利发布前，我也会对公司的基本面做大量的研究。如果这是一只新的股票，那么我肯定不会在盈利发布前买。有时我会提前减仓，尤其是在盈利发布前股价就上涨的时候，因为这种上涨反映出大家对盈利超预期的期望过高了。

Zanger： 就像我之前提到的，我不会在一只股票盈利发布时还持有它。我会在发布的前一天就全部卖掉，然后再结合盈利的情况分析该股未来的涨势，这是可以通过技术形态预测的。虽然也许我不能在一开始就抓住那些大牛股，但是也好过在盈利发布后碰上股价跳空低开 20～80 美元的情形。在盈利发布时持有的风险是远远超过收益的。而且，我之所以会在前一天前就卖掉，就是因为害怕盈利提前发布。

Ritchie II： 我不会持有一笔大额的头寸或者持有一只表现不好的股票。我会检查一下自己的股票，最重要的是确保没有大额的头寸。然后，我会看看每只股票的收益怎么样，如果收益是负的，那么我肯定不会持有它，除非它的头寸小到可以忽略不计。如果跳空后股价跌破我的止损点，那么一般情况下我也会卖，除非价格接近一个关键的区域，那样的话我可能会稍微等一下，看看是否有支撑，然后基本上是一有反弹就马上卖掉。

■　■　■

S9-19： 假设当你满仓时，有一只新的股票要有突破了，你会卖掉一些头寸去买它吗？如果会的话，你会先卖赚得最多的还是表现最差的股票？

Minervini：我可能会在卖掉宽幅波动的股票后再买一只新股票。但是要非常小心，不要仅仅因为短期的波动就把一只好股票卖掉，它往往会涨得更高。大多数时候我都会一直持有一些好的股票，等着更大的上涨幅度。如果有亏损，一般我就会先卖掉亏损的股票。当它们触碰到止损点时就自动清仓了。

Ryan：我会最先卖表现差的股票。你的确需要给一只股票一定的耐心和时间让它上涨，但如果其他股票都在涨、而只有它没涨的话，就说明它的相对价值在下降，应该被卖掉。你要让组合里的股票轮番上涨。

Zanger：有时，我可能会卖掉一只涨得不错但现在波动变大的股票，有时可能会卖出表现不佳的股票，显然表现最差的股票会是我最先卖掉的。

Ritchie II：有时，我会这样做，但只有当我认为这样做比目前情形更好时，我才会这样做。所以从这个意义上说，我绝不会卖掉一只好股票去买一只新股票。对我来说这样做不合逻辑，导致我失去了风险低的，得到了风险高的，因为新的股票将面临全部的风险，而我原来的股票已经证明了它的价值。所以我可能会卖一只涨得不多的股票，或者没有完全突破的股票。但是，当它再涨起来的时候或者再一次突破的时候我会重新把它买回来。

■　　■　　■

S9-20：你们会怎样管理那些在几天或者几周内就涨了超过20%的股票？

Minervini：如果某只股票真的很强势，我就会再持有一段时间。我可能会卖一部分、留一部分。就像我之前说过的，对于真正强势的股票，你要非常当心，不要因为短期的波动就完全卖掉它，尤其是在牛市的初期，强势的股票会引领市场上涨。

Ryan：我会继续持有，展现出这种力量的股票都是龙头股，我想看到它经历长期的上涨。

Zanger：一般在强势时卖掉是我的管理方法。很多新手交易员存在的一个最大问题就是他们相信靠一只股票就可以致富，他们继续加仓，或者持有的时间过长。这种速度的上涨很可能是消耗性上涨或者消耗性跳空。任何情况下当我赚了 20%后我都会减仓，锁定一部分收益，只持有剩余的部分。我会用之前提到的各种止损策略，比如 21 日均线。

Ritchie II：看你的描述，这是我想要继续持有、期望它涨得更多的股票，但是一般情况下我还是会减仓一部分，锁定一部分收益。如果之后跌了，我会庆幸我卖了一些，如果之后涨了，我会庆幸我还持有一部分。

■　■　■

S9-21：你们怎样管理成功的交易？你们会用哪些卖出信号？

Minervini：有很多指标会告诉你是时候止盈了。重要的是你要意识到准确地在股价最高点卖出去基本上是不可能的，追逐最高点和最低点都不是成功的交易员应该做的。你的目标是卖的价格比买的价格高，以更低的风险赚更多的钱，然后一直重复下去。

当我获得一个不错的收益后，经常会把盈亏平衡点设为止损点。我一般都尝试在股价强势时卖掉。我不太喜欢跟踪止损法，但是我经常会设置一个"回撤止损点"（backstop）。这样的止损点能保护已经获得的收益，在我持有时保持股价不低于这个价格。如果股价再大涨一波，我可能会卖，也可能提高回撤止损点，而随着股价不断上涨，我的回撤止损点也会越来越高，最终卖掉股票，实现收益。

Ryan：如果我获得了不错的收益，而且看起来自己买了一只龙头股，我就会给它更多的时间。8%的止损比例只是在刚开始时用的，之后会换到盈亏平衡点。然后随着股价越涨越高，我会用均线、趋势线、整固区间这些指标，去保护自己的收益。

当股价发生巨大的变化时，我会看股票的技术形态有什么变化。是伴随着交易量增加的下跌还是交易量不大的上冲？股价是否跌破了最近的区间？是否跌破了 50 日、200 日均线或者最近的上升趋势线？我主要会看技术面的变化，关注股票的价格行为。

Zanger： 管理成功的交易意味着持有股票，让它上涨，然后在获得卖出信号的时候卖掉。卖出信号有很多，比如伴随着大额的交易量，股价跌破一个陡峭的上升趋势线，或者跌破 21 日或 50 日均线。我更喜欢用 21 日均线或者陡峭的上升趋势线。

Ritchie Ⅱ： 我不会只看卖出信号，最重要的，也是我首先要做的，是看这只股票现在的风险相对于刚买入时如何。如果现在的风险金额已经比当时多了一倍，我才会找一些指标，看看是否要卖。比如该股最近上涨的天数和反转的天数是多少？它现在离均线有多远？价格是否超过或者接近上升趋势的顶部？我经常会用这些信号止盈。

在股价强势时卖出的前提是它现在的风险金额至少要等于刚买入时的两倍，这是根据我的长期交易矩阵得到的。当股票超过这个点时，我再看一些东西决定要卖一部分还是全部卖掉。我会看股票的价格行为怎么样、我的交易总体进行得怎么样、该股的盈利和销量怎么样，以及它属于哪个行业板块。

第十部分

心 理 学

S10-1：你们如何遵守纪律，克服频繁交易的冲动？你们何时抑制自己内心的冲动？

Minervini：让股票本身和交易纪律引导我来对抗这种冲动。除非股票符合某些标准，否则我不会进行交易。因此，只有当股票符合我的交易纪律时，我才交易，否则，我不参与。就是这么简单，但前提是你可以将自己的行为与观点分开，让市场引导你的行为。

Ryan：我不想失去本金，所以当我开始连续亏损时，我的投资金额会越来越小。在熊市或横盘整理的阶段，有时就不应持有多头头寸。

Zanger：我经历市场的狂风大雨已有几十年了，已经学会了克制自己而不要火中取栗。我被烧了太多次，难以忘记"剁手止损"真正意味着什么。市场行为总在不断重复，一次次明确地给大家教训，所以当你看到市场表现开始不佳时，你应本能地认识到是时候退出几周或几个月了。在那段时间里，你不能去度假或忽视大盘，仍然需要每天看盘，这样才能知道它何时平静下来并恢复正常。即使在波动的市场中，勤奋也能帮助你择时。

Ritchie II：这是最困难的事之一，特别是当你以炒股为生的时候，迫于生计，你得去交易。最简单的解决方案是密切关注你最近的交易成果，并根据成果快速调整交易频率。当一切进展顺利时，保持交易状态，当不太顺利时，要更审慎地选择。

■　　■　　■

S10-2：你们有什么建议来帮助交易者避免出现"分析麻痹"的情形并果断采取行动？

Minervini：如果你很紧张且觉得很难采取行动进行交易，就应当尽量交易少量资金，只用让你感到舒服的资金量。逐渐获得信心的前提是你能减小损失并避免大幅回撤。巨大的损失不仅让你失去金钱，还将让你失去信心，这让人更加忧心。

Ryan：你应该有一个筛选投资标的的精确规则。如果股票符合你设定的所有标准，就持有它，如果没有，就什么都不要做。

Zanger：我认为就市场交易而言，"分析麻痹"问题可以分为两类。第一类是不能够下投资决定。第二类是在一笔理应退出的交易中，允许自己"分析麻痹"，仅仅是因为投资情绪出问题。

在第一个问题里，如果你对是否参与一项投资过度分析、犹豫不决，那么很可能是因为害怕失败。可以通过交易小头寸、使用期权等方法，在适当风险暴露的情况下尽最大努力获得一点真金白银。无论回报多么小，信心都来自成功。

在第二种情况下，交易者经常会认为他们的股票很优质而不去深入分析或深度纠正自己的错误决定。他们坚持认为自己的股票价格处于上升趋势，当它明显以不健康的方式下跌时，也拒绝采取行动，伴随着股票价格进一步下跌。或者，如果他们的股票价格高位突破 10 日移动平均线，他们就会更坚定自己之前的信念。解决这种"分析麻痹"的方法很简单：在进入交易之前就设定自己的交易准则，并确保坚持下去。

Ritchie II：我认为每个交易者某些时候都必须设定一套"不用动脑"的选股条件。即自己制定一个交易计划，在股票满足 x，y 和 z 标准时就进行交易。然后，如果"不用动脑"的交易方法能带来良好的收益，你就可以进行更多类似的交易或在现有的头寸基础上谨慎加仓。

■　■　■

S10-3：你们如何建立信心以使用大额头寸进行交易？

Minervini：再强调一遍，从小头寸开始。随着时间的推移，你将更具交易信心。在开始时信心不足并不一定是坏事。如果你过于自信，那么你可能会做一些非常冒险的事情，然后在遭受巨额损失时失去所有信心。所以最好在开始时谦虚，然后随着交易逐渐建立信心。

Ryan：成功总有助于提高信心。如果你在小仓位时不断选出了一些好股票，那么应该逐步加大初始资金量。比如，如果你用5%的头寸投资时表现良好，那么现在可以将比例提升至7%～8%。由于大盘上涨，或者当股票建立根基之后我已经加完仓了，我希望每个头寸只占整体投资组合的15%～25%。

Zanger：这么多年我一直学着去辨别什么有效、什么无效。学会正确解读收益构成并辨认有上升空间的股票，辅以股票的图表模式分析、坚实的根基支持以及对整体市场趋势的判断，你将对大额交易充满信心。

Ritchie Ⅱ：答案是成功。拥有一连串优质股票甚至一系列上涨会让你有信心进行更大额的交易，因为最近几次成功的交易为额外的风险进行了融资。大多数本垒打击球手都没有为围栏挥杆，但他们经常发现只是稳稳击中球就可以实现本垒打。股票交易与其他任何事情都没有区别，当你获得一些成功以后，你会有更大的信心，摆动力度更大或范围更广。

■　　■　　■

S10-4：当遭受一系列损失时，你们会怎么做？会对交易做哪些调整？

Minervini：我的交易额会变小。我亏得越多，我的交易额越小。如果我连续遭受损失，则通常意味着整体市场条件不佳。

Ryan：我的投资额会越来越小。我会放慢速度，尽量不要想着迅速收回在上次交易中损失的资金。有时甚至会停下休息几天或几周。我会查看交易规则并回顾过去哪些因素起了作用。我也会自省，看看自己在该时期是否足够专注于投资。你可能正在经历生活中一些影响交易的事情，所以应该停止交易，直到可以再次专注于投资为止。

Zanger：如果我一直在亏损，那么市场状况恐怕堪忧，现在是时候退后一步，等待市场恢复正常了。这可能需要几周、几个月或更长时间，几年都有可能，就像 2000 年 3 月到 2003 年 3 月纳斯达克下跌 80%的情况一样。

Ritchie II：如果没有收益或没有任何未平仓的收益，我将通过减少交易次数或规模来降低风险。如果我买入了 4 只股票，2 只止损而出，另外 2 只正在亏损，此时我就会坚持持有，尽管可能会在接下来的几次买入中发现情况有变。

■　■　■

S10-5：你们似乎多年来一直使用相同的策略。你们是如何避免风格漂移的？

Minervini：是承诺。你必须承诺使用一个策略。你与股票策略的关系就像一场婚姻，如果你欺骗了你的配偶，没有完全投入，那么你认为会有多么好的婚姻吗？找到一套对你有意义的投资体系，相信并履行承诺。要明白，成功不会一夜来临，它需要时间，需要承诺。

Ryan：我已经尝试过其他方法，但还没有一种方法可以与成长型股票的风格相媲美。并不是没有其他方法或策略表现良好，而是它似乎最适合我的个性。

Zanger：你必须适应当前的市场情况，但趋势交易不会随市场改变。这是战略和战术之间的区别。我的战术会发生变化，但我的战略却不会。

尽管市场产出结果不变,即一遍又一遍地提供图表,但我们总是需要适应当前的市场环境。交易者在适应当前市场条件时必须先解答一些问题,例如市场只是漂移得更高,还是在飙升?这是一个低迷的市场吗?突破会失败吗?其中最重要的一个战术变化是当市场进入休整时,不要使用保证金或期权。我是一个趋势交易者,会根据市场不断调整投资风格。

Ritchie II:这个问题并不适用于我,因为我总是在短线投资组合中采取多策略方法,短线即两天到两个月的期限框架。在投资组合中,我会使用超额现金(我平均每天的投资百分比非常低)在流动性极好的期货中做一些短线交易。

S10-6:你们会偏离自己定的交易纪律吗?是什么原因导致你们偏离目标?又是如何回到正轨的?

Minervini:我是人,当然不完美,所以的确会偏离。但是,即使偏离也不会偏离很多,我会很快就回到正轨。不过当我第一次交易时,我就一直都在偏离,当然最终收益不太好。最终我认真地看了一下自己在做什么,并且下定决心从此以后坚持贯彻计划,从错误中吸取教训,要仔细分析并深刻理解以便不再犯同样的错误。

很多事情都会诱使你失去目标。这就是为什么你要有一套规则和计划来指导自己的原因。这样，当要做一个艰难的决定时，你就不用思考太多，只需按照计划行事。我的投资方法很灵活，但会坚守自己的投资哲学。技术和策略可以不断发展，但基本逻辑仍然不变。

Ryan：我曾尝试过其他一些方法。例如，买入回调股、买入符合"斐波那契回撤"的股票等。但是自从在 William O'Neil & Co 工作以来，我一直都在使用投资高增长股票的方法，只是试图将其他一些策略纳入我的投资组合。不过我总是发现，当公司的盈利加速飙升至新的高点时，我会取得最大的收益。这在过去是有效的，将来还会继续发挥作用。

Zanger：在我看来，大多数进行图表分析的趋势投资者都会在某些时候偏离总体计划，尝试新事物。如果你认为要在交易中不断学习，那么这很正常。就我个人而言，我认为，刻板已经成为我的许多交易错误的根本原因。

这引出了一个更大的问题，什么时候才能进行有效的投资方法探索，突破自己的交易纪律呢？一个人很容易陷在自己的主观思想中，与现实脱节。不过，市场会很快拉你回到现实，它会把你从梦境中唤醒，拿恶臭的东西来恶心你。开个玩笑，但没有什么比几笔交易更能让你回到现实、清楚市场正在发生什么了。

Ritchie II：在开始亏损时，我会自发严格遵守纪律。对我而言，偏离纪律更多地是因为进行了范围更广和条件更宽松的交易，这意味着选股标准有所放松，或者投资于超出我能力范围的标的。这要么是因为我的情况非常好，自我感觉不会错，所以开始尝试通常不会做的事情，要么是因为没有任何符合我严格标准的投资标的，所以进行各种尝试。但我通常会失败，然后被迫重新专注于自己最擅长的事情。

■　　■　　■

S10-7：你们是愿意只持有少数几只大赚的股票，即使这样可能伴随有更多小亏损，还是有更多的盈利股票保持心态积极更重要？

Minervini：我选择有更多小亏损，即使盈利的股票数量很少，也要努力保持我的方法有利可图。我宁愿管理与收益相关的损失来保持自己的优势，而不是试图控制盈利交易的百分比，因为这是你无法直接控制的。

Ryan：我总是说，如果你每年有两三只非常好的股票，就可以弥补所有的小损失。

Zanger：在过去的 20 年里，我的大部分收益来源于几十只大涨的股票。如果纯粹将利润作为成功的唯一衡量方式，那么其他一切都无关紧要。由于我一直用少量头寸进行试水，因此一年中亏损股通常比盈利股数量多。这些试验实际上是必要的，防止我在大额涨幅的间期感到无聊。并且不可否认，不断的试水也帮我找到了一些不错的股票。当然，我对那些未能上涨或削弱价格中枢的股票设置了严格的止损。

Ritchie II： 在理想情况下，我希望有更多的小收益，投资可以更加灵活，然而，随着资金规模增长，这变得更具挑战性。因此，我总是精心选择可以享受一大波涨幅的机会。

■　　■　　■

S10-8：你怎么知道何时自己的策略可能失效而不仅仅是不适合当前市场？

Minervini： 除非供求原理突然失灵，否则我的原则将一直有效。这就像引力定律不太可能改变一样。无论使用哪种策略，在特定的时候可能都会遇到困难，在某些时候可能每种策略都表现不佳。在那段时间里，我的关注点于不要亏损太多，并为策略恢复有效做好准备。

Ryan： 我的策略从未完全失效。它适用于股票市场。有时价值股表现可能优于成长股，但这并不意味着我的策略失效了。最终，市场风向总会回到盈利增长的股票。

第十部分 心 理 学

Zanger：当股票不断突破失败时，我就知道动量交易策略不起作用了。市场已明显开始调整，因此是时候退出几个月或更长时间，等待趋势到来了。

Ritchie II：到目前为止，我的处理方式是试图对自己的交易有一个切实的理解，用统计理论理解自己可能面对多大的负面影响。因此，如果在给定时期内有一组交易结果，并且我相信在统计上是相关的，那么我可以进行一系列模拟，以查看在给定的数学极值下，能预测到的最糟糕的回撤是多大。如果我的回撤比概率理论所说的更糟糕，或者超出统计范围，那么它告诉我，我的初步假设不可靠。

这可能会很复杂，但真正重要的是，没有人会放弃股票新高，所以你必须对正常的回撤有一个切实的假设，而不是自己做些宽泛的错误猜想。

■　　■　　■

S10-9：你们在盈利之前都经历过损失。你们如何保持如此积极的心态或者有如此强烈的信念，相信自己的方法最终会起作用，特别是在很难向其他人学习如何打败市场的情况下？

Minervini：因为我的方法基于不变真理，所以这样我就去除了一个重要的可疑因素，或者我称之为"策略因素"，这种情况下

173

最重要的变量就只剩下我自己。我总是对自己的成绩负责，不去责备外界因素。如果你能够保持客观并从错误中吸取教训，那么最终你将获得正确的经验，这是一个遵守纪律的问题。

但你必须相信自己的能力，你必须持续投入，忘却时间。在任何有价值的事情上变得伟大都需要花费时间，时间长短因人而异。如果你在一年内没有掌握它，那就两年；如果你在两年内没有得到它，那就三年，依次类推。当你设定一个截止日期并说"如果我用了 n 年没有达到"的话，那么你已经把命运堵死了。生命奖励那些做出无条件承诺的人。一句话：有很多方法可以打败市场，但最终，打败它的不是枪，而是枪手。

Ryan：我很幸运地看到 Bill O'Neil 如何在市场上操作，所以我有一个成功的例子。当经历失败之后，我知道努力弄清楚犯错误的地方就可以提高收益率。一旦我纠正了错误，就非常专注于购买某种类型的标的。我不关心任何其他方法或类型，这使得我的回报开始增长。

Zanger：我对于在比弗利山庄为富人建造游泳池，每周工作 80～90 个小时，年收入不超过 6 万美元的生活，感到非常疲倦。我知道大笔钱是通过股票或房地产赚来的，如果问我当时想做的最后一件事是什么，便是我要离开游泳池。我选择了股票市场。我想我可以从 15 美元开始，如果我支付保证金，就会有 30 000

美元作为自己的交易起点。如果我能在 6 个月内翻一番，就会有 60 000 美元；如果我能在 6 个月内再翻一番，就会有 120 000 美元。对于数学过于乐观为我走出游泳池建设行业指明了一条清晰的道路，因为无论采取什么措施，我都要退出。

20 世纪 70 年代末 80 年代初，我在超高频 22 频道 KWHY-TV 上观看了一档节目，第一次看到图表和它们的威力。一位名叫吉恩·摩根（Gene Morgan）的人在市场收盘 30 分钟后上映了一档名为 *Charting the Market* 的节目。他使用了一个画架和从 *Daily Graphs* 上复印来的图表。他把复印件放在架子上，标出图表模式，解释它们如何预测股票未来的价格走势。他曾经用旗子、杯子、把手和抛物线模式来讲解历史图表。

我认为这些都是疯狂的概念，我开始参加他的一些免费研讨会。不幸的是，他想做的只是出售石油和天然气企业的利益。所以，就我自己而言，每周六早上我开始去 *Daily Graphs* 在洛杉矶的印刷办公室，去买印刷好的书。我花了所有的空闲时间查看这些书中的近 2 000 只股票，试图辨别出吉恩在电视上展示的图表。如果我的生活依赖于它，那么我找不到单一的图表。当然，我真正理解的是，除非有人指点我，否则我无法正确地解释图表。我没有在图表识别上花足够的时间。

Daily Graphs 推荐了一本 William O'NeiL 写的叫作 *How to*

Make Money in Stocks 的书，以及 *Encyclopedia of chart*。我非常兴奋，我还拓宽阅读范围，读了一本关于 Jesse Livermore 的名为 *Reminiscences of a Stock Operator* 的书。事情开始变好。我花了几年时间反复阅读这些书，并在掌握窍门的前一天把自己在 AIQ 制图程序中看到的内容应用到实时交易中。

Ritchie II：最初我对自己正在做的事情是否有效没有信心。但我对于风险管理和经验积累很有信心。第一年，我几乎没有做成功任何事情。我确实有一个策略在投资组合中的收益很多，但它的比例最小，所以我知道如果分配更多资金给它，自己的收益会更好。因此，虽然资金量没有大幅增长，但我觉得自己已经掌握了一部分知识和经验，因此在那时退出似乎比继续投资更加愚蠢。

■　　■　　■

S10-10：你们会进行后期分析吗？如果会，那么你们能介绍一下这个过程以及如何使用这些信息来提高自己的交易水平吗？

Minervini：是的，我热衷于后期分析，这是我职业生涯早期形成的习惯。我甚至创建了一个软件工具，还提供给我们的私人学员，用以衡量交易结果，其中包括一个独特的专用分布曲线。此外，我还进行简单的评估，即在图表上对买点和卖点进行标记，然后研究共通性。这个基本的分析方法可以让人大开眼界。关键是要建立一个反馈循环，并定期查看交易结果。然后将自己学到的东西运用在交易中。

Ryan：当我买入股票时，会打印出最重要的统计信息图表，或者截取信息图表并将其归档，以便在我卖出股票后进行复查。我还会记下我为什么买入该股票以及当前的市场环境如何。从那些买入和卖出交易中，我研究自己做对或做错的地方。你可以通过研究自己的投资模式了解更多信息。

Zanger：我不时地进行后期分析，但是刚开始时，我常常随身携带一叠黄色的纸并记下自己犯的所有错误。这最终形成了 10 条黄金规则和投资技巧，我将其登在自己的网站上，直到今天我仍然在用它们。

Ritchie II：我经常跟踪交易。对于每笔交易我都用合适的方法进行跟踪，因此对正在做的事情我都有准确的交易衡量指标。然后，对给定方法下或整个投资组合中可能出现的回撤，我就能做出更好的假设。我惊讶地发现很多人都没做到这一点。我不是说这对于成功至关重要，但对我而言非常重要。

我相信，如果投资者把更多的时间用在研究自己的交易而不是图表上，那么他们的表现可能会更好。即使你的交易没有获利，实际交易结果中也会有大量信息。大多数失败的交易者都不会再去研究，因为看到糟糕的结果令人痛苦。最好研究你做得好或者做得差的模式。如果可以找到一些需要改进的地方，那么就可以相应地提高或降低风险敞口。但是，如果不跟踪自己的交易，那么永远不会知道关于交易或者关于自己的真相。

第十一部分

最后的思考

S11-1：要成为一名成功的交易员，需要克服的最困难的障碍是什么？

Minervini：一开始，最困难的是严格坚持投资纪律，这意味着你不能抱有侥幸心理。有时候技术形态告诉你要卖，而你却想，再给我一次机会吧，再持有一段时间就会涨的。

在我的职业生涯的早期，大多数时候我都会及时止损，但是少数几次的例外，最后都变成了一场灾难。你还需要学习怎样保持耐心。"害怕错过"是做交易时很常见的一种心理，它是很多失败的根源。我有两条主要的原则：（1）不做勉强的交易；（2）不能有大额亏损。你要能够耐住性子，等待机会的到来，而不是强迫自己行动，做一笔并不满足标准的交易。另外就是要坚持投资纪律，当股票表现不及预期的时候能够迅速止损。

Ryan：改变自己原有的思维模式，适应新的思维模式是最难克服的困难。你要能够承认自己的错误并纠正它。这很困难，因为这需要你进行自我检查，看看过去哪里做错了。很多人都做不到这一点。当我审视自己职业生涯早期犯的那些错误时，我发现我买了太多突破后波动过大的股票。在我纠正这类错误后，我的业绩开始突飞猛进。我现在已经适应了买那些突破新高的股票，一开始我还很害怕这样做，但是习惯之后就觉得很自然了。

Zanger：学习如何读懂股票的技术形态是要克服的最大的困难，还有就是在赚钱的时候不能够认识到或者尊重市场的调整或者大的衰退。

Ritchie II：我认为最大的障碍是"渡过最困难的时期"。我的意思是说如果你在市场中生存，就要先赚够自己的生活费，才能摆脱压力。如果你要靠交易赚钱才能生存，那么你就会处在压力之中。这种压力能给你带来动力，但是如果处理不好，就会让你崩溃。我所说的很少在交易员的光辉事迹中提到，但是我想如果交易是他们唯一的收入来源，那么他们每个人都要处理好这种矛盾，不管有没有意识到这一点。

■　■　■

S11-2：哪些东西让你们成长得最多？是不断地试错，还是你们的交易账簿，或者一位好的导师，还是别的什么东西？

Minervini：这些都是。最重要的还是一遍遍分析自己过去的交易，发现其中的错误。当你找到这些错误的共同点后，就可以改正它，把自己的劣势变成优势。

Ryan：最重要的还是不断试错。只有当我真正意识到之前交易时自己是怎么思考的时，我才能真正意识到错误是怎么形成的。你可以从优秀的交易员和交易账簿那里汲取经验，但最好能将其提炼成适合自己的一套法则。

Zanger：应该是几本书和我的 AIQ 图表程序。*How to Make Money in Stocks* 和 *Reminiscences of a Stock Operator* 是最重要的两本书，也是所有交易员和投资者的必读之物。

Ritchie II：以上所有的东西都对我有很大的帮助，但我会总结成信仰、人和实践。

信仰：你可能会问"这跟做交易有什么关系？"对我来说太有关系了，因为我的身份不是我做什么工作或者我擅长做什么，而是我的信仰是什么。我的信仰可以允许我失败，但是也是我每一点成功的来源。而且，当上帝给予我天赋、召唤我去做一件事情时，我感觉我就不会失败了，因为做这件事情并不是为了让我自己得到颂扬。未来某一天我可能会离开交易，去寻求新的挑战，但是我只会按照上帝的意志去做。

我现在获得的知识和技能也离不开一些人的帮助，首先就是我的父亲，Mark Ritchie，在我们的小圈子里，父亲是以"Mark 总是更棒"这句话出名的。他给了我第一笔做交易的资金，给了我行动的信心，还有很多无法在此一一展开叙述的，总之，我的父亲对我的帮助最大。Mark Minervini，他和他所做的，对我的交易也有很大的影响。Peter Brandt，帮助我很好地理解了统计学，这对交易特别是研究回撤很有用。最后我想感谢我的好妻子，一直在我身边支持我，尤其是在我们没有钱的时候。还有我的好朋友、家人，在此就不一一列举了。

实践：成功的交易是实践的结果。你通过学习了解怎样实践和实践什么，学习市场，学习你的交易结果，学习其他优秀的交易员，还学习怎样提高自己。要推荐几本书有点难，关于市场的书我会推荐：

- *Reminiscences of a Stock Operator*，Edwin Lefèvre

- *Trade Like a Stock Market Wizard*，Mark Minervini

- *How to Trade in Stocks*，Jesse Livermore

- *How to Make Money in Stocks*，William O'Neil

- *Anything and everything*，Jack Schwager

- *Pit Bull*，Marty Schwartz

关于信仰和心理学的，塑造性格、陶冶情操的，我会推荐：

- *The New Testament*

- *Oikonomics*，Mike Breen and Ben Sternke

- *My Utmost for His Highest*，Oswald Chambers

- *Searching for God Knows What*，Donald Miller

■　■　■

S11-3：你们认为拥有一位导师对成功有多重要？

Minervini：拥有一位好的导师对你的帮助会很大，你可以从他那里学到你需要的技能。他会让你成长得更快，还会教给你一些你自己学不到的东西。但是你要记住，只有当你实践正确的事情时实践才有用，所以要认真选择导师。你的导师应该已经完成了你想要完成的成就，我永远不能理解有些人想赚 100 万美元，却要向没有赚过 100 万美元的人学习。我还知道有个财务策划师曾经破产过，这太荒谬了。

Ryan：拥有一位导师可以帮助你节省时间，让你专注于正确的事情。通过你自己也可以做到，尽管可能更困难一些、花的时间更长一些，但是你可以通过自我反省、读书和参加成功者的研讨会做到。

Zanger：这要看是什么样的导师。很多所谓的导师都是炒作起来的，没有什么实质能力，这样的导师可能分分钟让你破产。但是如果你足够幸运，遇到了一位经验真正丰富的导师，有着出色的过往业绩，那么他会把你带到一个更高的水平上。

Ritchie II：我认为导师是无价的，就像我之前提到的。我觉得那句谚语"智慧存在于许多人的忠告中"说得非常对，所以我们不应该为自己已经掌握的知识沾沾自喜，而应该向更有经验的人学习。

■　■　■

S11-4：在你们的交易生涯中最重要的"顿悟时刻"是什么？

Minervini：当我最终发现只要能做好正确的风险管理，我就不需要非得找到能翻两倍或者三倍的股票才能实现三位数的收益率时。我发现我可以每一次赚一点，积少成多，更重要的是，这种方法是可持续的。说到底这是关于风险和回报、换手率的问题。这就是我的宝典。

Ryan：是在研究我过去所有的交易后，发现自己犯了哪些错误时。从那时起我才明白了什么才是我真正要买的东西，从那之后我的工作步入正轨。

Zanger：1997 年 10 月的一天，我在看石油指数的图表，发现了一条关键的反转线，当时股票已经涨了一个夏天了。我研究了这条反转线一晚上，最后得出结论，因为石油指数是领先指标，所以这条反转线可能是市场见顶的预兆。果然从那天后市场就开始跳水了，我的头寸幸免于难。我永远不会忘记那一天，以及它对我的投资组合的影响。

直到今天我仍然会通过图表和日线判断是否应该迅速离场。可尽管这个技能在过去的几十年里帮助我做好预判，安全着陆，然而我有时还是会犯错，这是避免不了的。

Ritchie II：我的一个最重要的顿悟时刻就是意识到复制好的策略的力量。我发现如果你能够采取正确的策略，管理好组合的下行风险，就能不断赚到钱。

■　　■　　■

S11-5：你们的五大交易原则是什么？

Minervini：

1. 优先考虑风险，在买入前就要知道该在什么时候止损。

2. 不要让亏损变大，不要让高收益变成亏损。

3. 永远不要让风险超过潜在收益。

4. 永远不要摊低成本。

5. 理解自己的每一笔交易的真谛——定期研究自己的业绩。

Ryan：

1. 不要让亏损变大。

2. 坚持遵守投资纪律。

3. 当你接连出现亏损时，就减小自己的头寸。

4. 永远不要让高收益变成亏损。

5. 减小差股票的头寸，增大好股票的头寸。

Zanger：

1. 永远不要让股价跌破成本。

2. 永远不要追逐一只价格超过枢纽点或者突破点 3%～5%的股票。

3. 不要用期权。

4. 赚了一波之后就降低仓位。

5. 持有表现好的股票，卖掉表现不佳的股票。

Ritchie II：

1. 要有一个计划，特别是能够评估风险的计划，包括每个头寸的风险和组合整体的风险。

2. 在一次大的亏损或者一轮大跌之后降低仓位。

3. 把资金分配到有效的策略上去。

4. 像控制资金一样控制自己的个人情感。

5. 每天都尽力做到最好。

■　　■　　■

S11-6：为什么普通的投资者没能取得像你们这样优秀的业绩？

Minervini：以下是交易员没能取得优秀业绩的一些原因：

- 选股标准不好。

- 不止损——最常见的错误。

- 对亏损的头寸加仓——交易员最大的问题。

- 没能保住收益——高收益变成了亏损（很常见的错误）。

- 没能理解自己交易的真谛——他们不能定期地分析自己过往的交易。

- 没有一个明确的策略——他们出现了一个我们称之为"风格转变"的问题，而且放弃得太快了（这也是比较常见的问题）。

- 没能遵守投资纪律——尽管他们设定了规则，但是没能遵守。

Ryan：或者是他们对待投资的态度不对，或者是他们没能从自己的错误中学习并纠正。比如你要进行成长股投资，可以看很多伟大交易员写的书，比如 Mark Minervini，William O'Neil，还有其他一些交易大师的书，他们总结好了正确的法则，但最终还是要靠你自己去落实。

Zanger：一般普通的投资者都会有一份全职的工作，而且孩子和其他的娱乐也会消耗他们的时间。这就使得他们花在研究交易和图表形态上的时间很少，从而限制了他们水平的提升。

Ritchie II：首先，普通投资者一般对市场的理解都不够，而且即使他们能看懂市场，也只有极少数人能遵守投资所需要的纪律。就像我父亲在他的 *My Trading Bible* 一书中说的，"拥有天赋和知识很棒，但是遵守投资纪律才能把工作做好”。

■　■　■

S11-7：你们会给新手交易员哪些建议呢？

Minervini： 你要找到一个好的榜样，有些人已经实现了你想要做的事，你可以向他们学习。在你刚入行的前几年可能会失败，不要灰心，你需要时间去学习。要知道你可能会犯很多错误，没关系，从这些错误中吸取教训，错误是最好的老师。你要做的是行动起来，积攒经验。制定一个计划并付诸行动，任何计划都比没有计划要好。

你必须要接受工作中的不顺和失败，然后你会获得成功。成功没有什么秘密。对大部分交易员来说，最大的挑战在于坚持自己的策略和遵守投资纪律。很多时候即使你给他们一个好的策略，他们也会失败，因为他们并不真正理解这个策略，也不能在困难的时刻坚持。他们对策略没有信心，对自己的能力也没有信心。

Ryan： 读 William O'Neil 和 *Investor's Business Daily*，读 MarketSmith 和 Mark Minervini 的书。一边学习，一边开始交易。虽然这些书要花好几百美元，但是你也要去买。你也能从你的第一次交易里学到很多东西，审视自己的错误并改正它。永远不要放弃，下了足够的功夫后，你会赚到钱的。

Zanger： 先读我之前推荐的书。刚开始的时候仓位不要太高，不要用杠杆或者期权，直到你能在大半年的时间里取得不错的业绩，经历过市场调整和行情的反转。

Ritchie II： 我的建议很简单，我总结成"3M"：市场（Market）、方法（Method）、自身（Myself）。做好这三个方面，你就能成功。

Better Investing.

A Click Away

www.minervini.com

EARN WHILE YOU LEARN

Trade with Mark Minervini – LIVE!

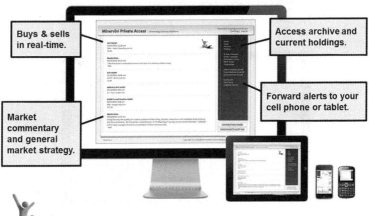

Buys & sells in real-time.

Access archive and current holdings.

Forward alerts to your cell phone or tablet.

Market commentary and general market strategy.

MINERVINI PRIVATE ACCESS™ | PREMIUM MEMBERSHIP

✅ **Real-Time Platform** allows you to trade side-by-side with Mark Minervini and receive his up to the minute buys & sells as they happen right on your PC, cell phone or tablet.

✅ **Interactive Training Room** is where Mark reviews trades, conducts educational study sessions and answers your questions while you view his trading desktop LIVE!

✅ **TradingLogger™** Gives you the tools to track, analyze and perfect your trading with proprietary analytics. Take control and know the truth about your trading.

> *Most traders would be delighted to have Minervini's worst year – a 128 percent gain – as their best."*
>
> **Jack Schwager**
> **Stock Market Wizards**

> *One of the most highly-respected independent traders of our generation."*
>
> **Charles Kirk**
> **The Kirk Report**

To learn more go to: www.minervini.com

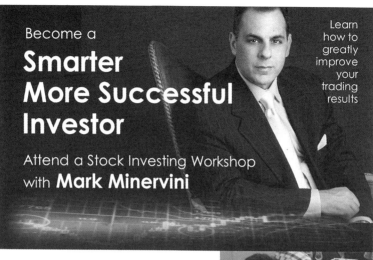

反侵权盗版声明

电子工业出版社依法对本作品享有专有出版权。任何未经权利人书面许可，复制、销售或通过信息网络传播本作品的行为；歪曲、篡改、剽窃本作品的行为，均违反《中华人民共和国著作权法》，其行为人应承担相应的民事责任和行政责任，构成犯罪的，将被依法追究刑事责任。

为了维护市场秩序，保护权利人的合法权益，我社将依法查处和打击侵权盗版的单位和个人。欢迎社会各界人士积极举报侵权盗版行为，本社将奖励举报有功人员，并保证举报人的信息不被泄露。

举报电话：(010) 88254396；(010) 88258888
传　　真：(010) 88254397
E‑mail：dbqq@phei.com.cn
通信地址：北京市万寿路 173 信箱
　　　　　电子工业出版社总编办公室
邮　　编：100036